传世励志经典

逍遥的墨客

刘文典

韩 笑 编著

中华工商联合出版社

图书在版编目（CIP）数据

逍遥的墨客——刘文典 / 韩笑编著. --北京：中
华工商联合出版社，2015.6（2023.6重印）
ISBN 978-7-5158-1323-3

Ⅰ. ①逍… Ⅱ. ①韩… Ⅲ. ①刘文典（1889～1958）
一生平事迹 Ⅳ. ①K825.4

中国版本图书馆 CIP 数据核字（2015）第 108289 号

逍遥的墨客
——刘文典

编　　者：韩　笑
出 品 人：徐　潜
策划编辑：魏鸿鸣
责任编辑：林　立
封面设计：周　源
责任审读：郭敬梅
责任印制：迈致红
营销总监：曹　庆
营销推广：王　静　万春生
出版发行：中华工商联合出版社有限责任公司
印　　刷：三河市燕春印务有限公司
版　　次：2015 年 7 月第 1 版
印　　次：2023 年 6 月第 4 次印刷
开　　本：710mm×1020mm　1/16
字　　数：220 千字
印　　张：15.5
书　　号：ISBN 978-7-5158-1323-3
定　　价：38.00 元

服务热线：010－58301130
销售热线：010－58302813
地址邮编：北京市西城区西环广场 A 座
　　　　　19－20 层，100044
http://www.chgslcbs.cn
E-mail：cicap1202@sina.com（营销中心）
E-mail：gslzbs@sina.com（总编室）

序

　　为了给《传世励志经典》写几句话，我翻阅了手边几种常见的古今中外圣贤大师关于人生的书，大致统计了一下，励志类的比例，确为首屈一指。其实古往今来，所有的成功者，他们的人生和他们所激赏的人生，不外是：有志者，事竟成。

　　励志是动宾结构的词，励是磨砺，志是志向，放在一起就是磨砺志向。所以说，励志不是简单的立志，是要像把刀放在石头上磨才能锋利一样，这个磨砺，也不是轻而易举地摩擦一下，而是要下力气的，对刀来说，不仅要把自身的锈磨掉，还要把多余的部分都要毫不留情地磨掉，这简直是一场磨难。所有绚丽的人生都是用艰难磨砺成的，砥砺生命放光华。可见，励志至少有三层意思：

　　一是立志。国人都崇拜的一本书叫《易经》，那里面有一句话说："天行健，君子以自强不息。"这是一种天人合一的理念，它揭示了自然界和人类发展演化的基本规律，所以一切圣贤伟人无不遵循此道。当然，这里还有一个立什么样的志的问题，孔子说：士不可以不弘毅，任重而道远。古往今来，凡志士仁人立的都是天下家国之志。李白说：大丈夫必有四方之志，白居易有诗曰：丈夫贵兼济，岂独善一身，讲的都是这个道理。

二是励志。有了志向不一定就能成事，《礼记》里说：玉不琢，不成器。因为从理想到现实还有很大的距离。志向须在现实的困境中反复历练，不断考验才能变得坚韧弘毅，才能一步一个脚印地逐步实现。所以拿破仑说：真正之才智乃刚毅之志向。孟子则把天将降大任于斯人描述得如此艰难困苦。我们看看历代圣贤，从世界三大宗教的创始人耶稣、穆罕默德、释迦牟尼到孔夫子、司马迁、孙中山，直至各行各业的精英，哪一个不是历经磨难终成大业，哪一个不是砥砺生命放射出人生的光芒。

三是守志。无论立志还是励志都不是一朝一夕、一蹴而就的，它贯穿了人的一生，无论生命之火是绚丽还是暗淡，都将到它熄灭的最后一刻。所以真正的有志者，一方面存矢志不渝之德，另一方面有不为穷变节、不为贱易志之气。像孟子说的那样：富贵不能淫、贫贱不能移、威武不能屈。明代有位首辅大臣叫刘吉，他说过：有志者立长志，无志者常立志，这话是很有道理的。

话说回来，励志并非粘贴在生命上的标签，而是融汇于人生中一点一滴的气蕴，最后成长为人的格调和气质，成就人生的梦想。不管你做哪一行，有志不论年少，无志空活百年。

这套《传世励志经典》共收辑了100部图书，包括传记、文集、选辑。为励志者满足心灵的渴望，有的像心灵鸡汤，营养而鲜美；有的就是萝卜白菜或粗茶淡饭，却是生命之必需。无论直接或间接，先贤们的追求和感悟，一定会给我们带来生命的惊喜。

徐　潜

前　言

　　横刀立马者，舍我其谁？出生于乱世之中的刘文典，一生波折、坎坷不断，在此等乱世走上一遭，无论经历怎样的战乱与贫苦，却都未曾变更风骨——狂。

　　他既是数一数二的学术牛人，也是一名走在民众前面、引领革命浪潮的革新战士，更是一位醉心于三尺讲台的教授，除了这些光环，他更是一个有优点、有缺陷的血肉之躯，与普通人一样，他也过着忧愁与喜乐的生活，一样经历着本就充满苦难的人生。

　　刘文典自幼饱读诗书，少时开始接触西方文化，这也造就了他与同期学者迥然——用西方的方法研究中国古籍，以开拓之眼着于古世之书。他能在古籍、学术研究方面先他人一步，自是及早接受教育及留洋海外的经历所提供的助力。

　　刘文典之狂，更多地体现在治学之上，他敢自称"第二个庄子"并不是疯癫之言，潜山入寺，遍入他乡，名山大川，诗卷藏书皆在眼底，此等豪气与魄力，是人间少有的。

　　20 世纪中国最杰出的历史学家、诗人、古典文学研究家、语言学家之一的陈寅恪，在为刘文典的著作所作的序中提道："然则先生此书之刊布，盖将一匡当世之学风，而示人以准则，岂供治庄子者必读而已哉。"这样的评价甚高，也足见刘文典确有其才，可当此褒奖。

一本《庄子补正》，融会古今，贯通学界，也让刘文典成为了北大、清华及其后西南联大的"名菜"。

性格及经历的共同作用，加之中西两种文化的交汇，让刘文典更早地体会到了民主与自由的重要性。年轻时代的刘文典，积极参加各种政治活动，投身于新文化运动中。抢救过伤员，参加过集会，甚至与死亡擦肩而过。在阴霾的政云下，他像一道刺眼的阳光洒在中华大地之上，让黑暗中多了些光芒和温暖。即便后来的他从革命一线退下，也从未真正地离开，出自他笔下的一篇篇针砭时弊的文章，算是他参加革命的另一种方式，这也为中国革命注入又一剂强心药。

"癫狂"的刘文典学识惊人，却不是圣人，其身自有糟粕。他有自己的喜怒哀乐，亦有自己的兴趣嗜好。号称"二云居士"的他，对云腿和云烟之喜爱远胜于生活中的其他，这正是他的真实之处，他可以从高高的神坛走下，成为真性情的墨客。

痛失爱子，亲人死于轰炸，加之革命事业的踯躅不前，都迫使他染上了吸食鸦片的坏习惯，这是一种逃避，也是一种寄托，更是一种释怀。这般看来，他既是开朗明亮的，同时也是阴沉黯淡的。

刘文典的一生，是辉煌与落魄的矛盾体，在他人生的最后阶段，他经历了最为难熬的时刻。一代狂士，在"批斗大潮"中被强词夺理的一群人驳得体无完肤，毫无还口之力，他的"爪"已不再有力，他的"牙"也不再尖锐，都顿时失去了战斗的力量。

  "整风运动"中的刘文典，被当成反面教材一次又一次站在台上接受批斗，心高气傲的他何曾受过如此大辱？可在坚硬如铁的现实面前，他的反抗毫无任何意义。或许，是上天嫉妒他，才让他的人生在末尾打了个旋涡，搅浑了年轻时的一切辉煌。一代民国风流人物，在黯淡与落寞中结束了自己的时代。

  刘文典的一生，跌宕起伏，万分精彩，他批过鲁迅、骂过沈从文、斗过蒋中正……他不是古板的老学究，他是鲜活的，灵动的，有血有肉、有情有性的逍遥墨客。

目　录

第一章　少年壮思飞

1. 恰生不逢时

自古英雄出少年。乱世硝烟，迷途旧路，举凡有志之人，皆徜徉于幻梦之中，或狂舞、或不羁、或逍遥、或抒志，在他们的世界里，无所谓纸醉金迷、安稳度日。人生之于他们，是一连串的不可预知，而就在诸般莫可名状中，他们拓展着自己生命的旅程。

19世纪末的中国大地，有狼烟、有康宁；有争斗、有平静，在这亦真亦虚、亦幻亦实之中，有些人抉择了生命的颜色，那可能是鲜红如血、令人痛彻心扉的，可他们不曾退却，反倒迎着刺痛，睁开寻梦之眼，朝着阳光最灼人之处一路向前。

大时代背景下，生出来的若是有骨气者，则多与众不同。刘文典，却是这不同中的不同！

1889年12月，刘文典降生人世。他不是神话中的人，亦不是后辈们笔下虚幻的人物，所以他的出生似乎与后日他的"痴癫疯狂"毫不相容。他在平凡之家，平凡之日，平凡地降生了。刘文典，原名文聪，字叔雅，安徽合肥人，祖籍怀宁。

刘文典这样的不凡人物，幼时并没有经历什么大灾难，少了很多大家年少的困苦。那时刘文典的生活，可谓平淡如水，一切安然，似乎同"与众不同"这四字不太符合。

刘文典的祖父有些头脑，不甘于平庸，早年间在合肥做了点生意，开了一间布号。那时，天下不宁，能于乱世中平稳地经营起一间小店，足见刘氏血脉中的不平凡之处了。算得上殷实的家境，让刘文典这一代在无忧无虑之中稳当度日。只是，时代的不安让那时的每个家庭都无法安然地维持现状，刘家自然也不例外。

太平天国攻打安庆，百姓每日提心吊胆，刘文典的祖父也在担忧着自己的一大家子。为了让家中幼者避免灾祸，刘文典的祖父便想出办法，让刘文典的父亲刘南带着小辈去避难。他让刘南用布匹捆住刘文典及其他孩子，从城墙上吊下去，如此才让他们逃脱。

年幼的刘文典，经历的这些并没有阻碍他前行，他仍是睁大了眼睛，好奇地张望着这个世界。这时的他，已表现出了爱读书的特点，幼年的"爱读"经历，奠定了他日后成为大家的基础。

待太平天国运动之后，安定的日子再度出现，刘南又带着刘文典等人返回了合肥，而他也继承了父亲的旧业，继续经营布号，以求在乱世中安稳度日。

历史，注定要踩着华夏大地上无数的平凡之家，看着慌乱的人们划过。当岁月使祖辈们弯下他们曾挺直的脊梁，年青的一代便用自己的方式去描绘属于自己的年光，刘文典这一代，看得到机遇，也逢得上危险。当然，年少的刘文典并没有意识到这一切，他的童年正处于让人艳羡的时光里。

在那片斑驳的岁月里，很多人衣不蔽体，食不果腹，刘文典却不属其中。很多人并没有因为困于衣食而忘却福荫子孙，刘文典的父亲刘南恰恰和他的祖父一样，是个有远见的人。

刘南继承了父辈基业后，一心为家，他共育有六子二女。其中，刘文典是刘南的填房妻子所生，在兄弟中排行老三，上面有两个哥哥、两个姐姐，下面三个弟弟。刘南十分开明，不因刘文典系填房所生而心滋异样情愫，反倒更为喜爱这个天资过人的儿子。

刘南在刘文典年纪尚轻时，便请了私塾先生来教他，令其通晓世间大义、人情之理。或许，正是这般"早教"，使他先于他人领悟世间的道理，也让他日后有敢于挑战不义之行的举动。

年幼的刘文典，从书中、私塾先生的教授中，慢慢懂得了为国为民的道义，有了济世之心，有了情义之心。

刘南喜欢刘文典，儿子也的确争气，他在众多兄弟姐妹中最优秀，这让刘南更重视对他的培养。有了私塾先生教授的知识基础，刘文典又有机会开始习得经书、古文。若说时代赋予了人的精神，那么刘文典出口成章、"半古半白"的惊世之语，相信与儿时的修习密不可分。

十二三岁时，刘文典对知识的热爱，对书籍的渴望更胜以往。周遭环境似乎已难让他抒情达意。刘南也看出儿子表现得越来越优秀，特意请了在当地的美国基督教会医院的院士，教他学习英文。

在学习英文的过程中，刘文典对翘着舌头的发音，以及与中文不同的表达方式的语言着了迷。一天，院士下课走后，他一直在纠结着几个发音，都忘了吃饭，家人叫了几遍后才去，而在吃饭时他还在脑海里想着怎么发音，这可见刘文典的好学和执着。

学习中，刘文典不仅熟练地掌握了英文的听说读写，还开始接触到西方的思维方式。这段经历，也造就了刘文典的与众不同。那时正值国乱，有幸识文断字就已不错，接触更多的新鲜知识更是难得，这使得刘文典眼界大开，眼光、胆识等都超越同辈。

刘南在忙于布号工作的同时，并没有忘记对儿子学业的关注。他时常问这个聪明的儿子英文习得怎么样，国文背得怎么样。刘南希望这个争气的儿子可以早早学成，帮自己一把，于乱世之中也不负父亲嘱托。

刘文典果然没有辜负父亲的一片良苦用心，他像海绵一样汲取着身边的养分，此时，他对外文的兴趣建立了起来。在日后的岁月里，刘文典又先后习得德、日、意等外语，成为民国时期为数不多的掌握多国外语的大家。

生意人出身的刘南，指望着刘文典习得英文之后可以与洋人多做些"洋买卖"，出乎他料想的是，儿子不仅没有让他失望，还走上了一条开天辟地之路，被记录在中国的历史、世界的历史上，在历史的长河之中，灿若星辰。或许，这也是命中注定，注定了在那个动乱的年代，要有一个"狂人"出世，为华夏大地添上浓墨重彩的一笔。

刘文典，学贯中西，并对西方文学有着不一般的领悟，虽说这都是后话，但正是年幼时良好的基础才造就了他未来的成就。

年纪尚轻的刘文典，正是自此，有了在了解本土古典文化的同时，接触西洋文化的机会。此"中西交融"的现实，促使着他开始打开思想之门，容纳万千浮沉。

2. 破土春风劲

1906 年，刘文典 16 岁，还是个懵懂无知的少年。此时的他由于出身世家，良好的教育便令其绽放出了与同辈不同的气质。是年，他凭借着优异的成绩考入了芜湖安徽公学。进入这所学校的刘文典，开启了别样的人生之门。

人生往往如此，那些看似的顺其自然，其中都夹杂着必然。而在那必然之中，又会有太多的偶然，这偶然，就促成了一段崭新历史的开端。对于接受过西方文化熏染的刘文典来说，他渴望新鲜血液注入自己的身体，从安徽公学的选择就能看出些端倪。刘文典入安徽公学，绝对可看成是其生命中最值得的经历，这段成长，宛若与阳光和水的接触，是他未来几十年的生存之根。

在安徽公学的日子，刘文典接触到了各种各样的近代科学知识和更多的中国古典文学，古今中外，无一不涉及。刘文典在中国历史上的特别，也正是在这里奠定的。他既接受了现代科学的洗礼，又十分敬爱中国古典文学，"新"与"旧"两种思想在他体内碰撞，这在那个年代，怎一个"新"字了得？

说起刘文典在安徽公学的日子，就不得不提陈独秀——刘文典的"启蒙狂师"。1904 年 3 月 21 日，陈独秀创办了《安徽俗话报》，其第一期便在安徽芜湖问世。这份报纸的本意，旨在激励当时广大青年的革命斗志，令他们能投身于改变国民现状的大潮中，为中国革命添砖加瓦。

理念虽好，可当时当景，决定了这份报纸过于公开传递革命火种的举动是十分危险的。不少仁人志士献计献策，这热火的革命宣传也随之改变了途径：他们中的一些人选择离开杀戮，开办学校，以教育入手，从根本上改变青年的思想和定位。

顺理成章，安徽公学应运而生，它在当时的院校中是比较突出的一个，也是当时第一代以革命为目的创办的学校。该学校的创办人是李光炯，名德膏，安徽枞阳人。学校创办之初，就聘请革命党人黄兴、赵声、张继等人为教员，用实际行动带动广大师生。恰逢其时，刘文典进入安徽公学。

这所学校并不普通，从形式到理念皆称得上一个"新"字，在当时传统，甚至封建当道的时代，此校可谓开创革新之风。

安徽公学坐落于芜湖二街徽州小学附近的一条通往留春园的小巷——米捐巷。当时的校舍大多都由朝廷或巨贾出资建立，安徽公学却是租赁的。在没有足够经费的情况下，看着中国未来的希望，他们只能拿出自己的积蓄。

在这所租赁的学校内，陈独秀、刘师培在其中任教，居陋室却不改初心，这也是他们能够史册留名的原因之一。后人能看到的不仅仅是革命的结果，还有那一群可爱的、值得敬佩的人。显然，与这些思想开明之人、君子之士为伍，刘文典内心的"疯狂"因子迅速扩张着，也慢慢有了自己的思想。

在安徽公学学习的过程中，刘文典接触了很多当时在中国还很新奇的事。他当时学习的课程中，有一门是生物学。19世纪中叶，达尔文提出了进化论，这一理论在欧洲引起轩然大波。以神论、上帝论为主导的欧洲，终于在事实面前接受了这一说法，并开始研究，生物学也由此出现在历史的舞台上。20世纪初，各类生物学思想理论的提出，使得这一学科快速发展，生物学也在这时，被传教士、医生、学者带到了中国。

看着这门新鲜的学科，听着这个前所未有的新思想，刘文典坐不住了，甚至想马上钻到细胞中去看看。刘文典从中国古代思想中逃脱出来，面对新的一切，如鱼得水。虽说他是个国学家，但对中国的封建迷信思想深恶痛绝。刘文典一生都在研究古籍，以科学的方法看待问题，而不是沉迷其中。

此时他不知道，每一种新鲜事物的提出都会遇到很长时间的质疑和刁难。生物学如此，他自己亦如此。只是那时他还不具备被质疑和刁难的本事。

刘文典老年时常回忆起在安徽公学的日子，他曾提到，少年时曾读过生物学，很是奇妙，虽然一直未深入研究过，可始终被生物学所吸引，这一切都源自 16 岁时的安徽公学经历。一次，他说："这是我有生以来第一次受近世科学的恩惠，就是我现在对于生物学的兴味也还是在那个时候引起来的。我这时候虽然是大海里尝了一滴水，但是总算识得了咸味了。"

刘文典在被新事物吸引的同时，并没有抛弃传统，他对于传统文学的喜爱依然强烈。安徽公学里有很多文学大家，在这些后来享誉文坛的人中，刘文典逐渐找到了自己的位置。他既学习新知识，用来武装自己的大脑，又深入解读中国古典文学，从中汲取养分。他不仅从广度上扩张自己，还从深度上提炼自己。很快，学校里这个好学的刘文典逐渐出了名，在这段时光里的积淀，也造就了他今后对古典文学的痴狂。

安徽公学的时光，对刘文典的影响的确很大、很深。在他的生命中，安徽公学的日子也是他为数不多的安闲时光。这时的他还不用东躲西藏，不用劳心劳力。他可以安心学习，看着身边的智者，请教，研修，一同强大。

老年的刘文典怀念的，也许不仅是这段时日，还有那段日子里的自己——不被外界打扰，安然、轻松而又充满快乐。

同年，积极进取的刘文典加入了"同盟会"，踏上了一条追随民主革命的道路。

自古以来，侠之大者，为国为民。刘文典虽不算是真正的"大侠"，没有一入学便有"为中华崛起而读书"的伟大志向，但在日积月累下，在周围有志之士的影响下，随着人格逐渐形成、民族之心日益强烈，他的爱国热情被激发出米了，他的智慧小渐渐展现。

在民族复兴的道路上，他义无反顾。也许，日后的刘义典有过失望，想着离开革命的浪潮，但此时此刻的他是壮志满怀的，信心十足的。而他日后以国学为本，将中华智慧输出，将西方新思想引入的举动，也可称谓是"大侠风范"了。

3. 报国岳王会

"岳王会"的名字，来源于陈独秀等人对民族英雄岳飞的仰慕，是"精忠报国"的激励。他们希望自己报国的赤子之心也能如岳飞一样，更希冀救中国于水火之中。

岳王会正式成立于 1905 年盛夏，是安徽第一个资产阶级革命组织。在正式成立之前，岳王会有过一段波折的经历，刘文典也在这个团体中经历着潮起潮落。

1902 年，在爱国学生中流传着清政府与俄国签订了秘密条约一事。当时的陈独秀、柏文蔚等爱国志士蠢蠢欲动，他们不愿看到中国沦为异邦的殖民地，于是在安庆组织了很多秘密活动，这便是岳王会的雏形。

这些活动，多为反对清政府行为的"叛逆"活动，旨在揭露清政府的卖国行为，鼓励民众起义，文人义士更是有揭竿而起之势。其中，学生的"反清"演讲活动听众、讨论者极多。当时，刘文典也积极参加演说活动，台上台下也都发挥着积极作用。

1903 年，爱国之举、反清之举愈演愈烈，"拒俄运动"声浪震天。在陈独秀等人的带领下，这批爱国学生的情绪高涨，甚至开始进行军事操练。可惜天不遂人愿，爱国学生在清政府的通缉下四处逃亡，无奈，该学生团体被迫解散了。

这日，刘文典参加了一次跟以往类似的爱国演说活动，正当他沉浸在满腔热血的演讲中时，有消息传来，说清政府将要派人来抓他们。众人闻听这个消息，纷纷逃难，但很多学生仍被抓住，也正因此，许多爱国团体就此解散。此后，他们采取了更谨慎的方式以示抗议，所举行的活动也更加隐秘。

这一系列事件，让原本懵懂、空有满腔热血的刘文典，变得更善于思考。他意识到，革命不是一只温和的宠物狗，任你安排，而是一只凶悍的豺狼，是会"咬人"的。革命的未来由革命人推力而成，"我们"就是革命人。

他思索着自己未来的道路，是该像父亲、祖父一样安心经营，做一个本分的生意人，还是像眼前这样，做一个爱国志士，用血肉身躯筑起新中国？多少个日日夜夜，这个刚刚成年的青年经受了巨大的心理波澜。离家在外，夜寒如水，他思考自己究竟要如何抉择。

死有轻于鸿毛，有重于泰山，一个深知大义的读书人，怎能被这等迫害之事吓破胆？

不知望了多久月亮，他想起了幼时在私塾里的时光，想到了父亲的话，想到了读过的那些就义的故事，他越来越坚定了自己的想法。

1904 年，革命之火不仅在学生中燃烧，也烧向了更多人。此时，柏文蔚投身于安徽武备学堂，又一次组织起了同学会。总结上一次的经验和教训，加入自己的领悟，他开始细致考虑问题。这一时期，越来越多的仁人志士加入了中国革命的队伍，刘文典也是其中的积极分子。

同学会，在陈独秀和柏文蔚的悉心运作之下，很快发展壮大，安庆、南京等地，皆有其声名。而日后成为名人志士者，亦多在其中，如宋玉林、方刚、刘文典、金维系等人。

1905 年，对陈独秀来说是革命之路上第一次跌倒，也是他第一次爬起来的一年，而对刘文典来说，则是与中国革命关系更近一步的一年。

这一切，都源于吴樾刺杀"五大臣"失败，陈独秀自己却落得差点英勇就义的结局。革命道路上失去了革命伙伴，陈独秀开始重新思考自己正在前行的这条革命道路。流血，教会了他暗杀并不能解决中国革命的根本问题，要想取得革命的成功，必要走非常之道才行。

在思索中，陈独秀领悟到，"暗杀是第一谬误的方法，……暗杀者之理想，只看见个人，看不见社会与阶级；暗杀所得之结果，不能建设社会的善阶级的善，去掉社会的恶阶级的恶。"暗杀，是无法完成富国强兵这一历史任务的。

事件发生后，陈独秀重新思考历史革命时，发现只有培养人才，传递一代又一代的革命之火，才是改变中国道路的要点，他遂将目光投放到了就读于安徽公学的刘文典身上。

当时的刘文典，在校园中就已崭露头角。无论是课堂上还是生活中，都表现出了开明、积极、进步的状态，对新思想的接受也优于他人。

吴樾离开后，《安徽俗话报》的发行也停止了，陈独秀开始一心操办岳王会的事务。在校期间，陈独秀常与柏文蔚一同探讨岳王会的诸多事务，刘文典也常参与其中。在这段时间里，岳王会发展成为一个庞大的地下反清组织，由芜湖发展到了安庆、南京等长江中下游一带的朝廷重地。

刘文典加入岳王会，可以说是一个必然。在岳王会组织中，他再一次感受到了中国革命的浪潮。

1906年春，身在日本的同盟会安徽区主盟人吴旸谷，奉命归国招募新士。是时，他先回老家合肥募集同道者，转而，一道耀眼之光入其眼帘——岳王会。

随即，他在陈独秀、柏文蔚等革命志士的支持下，以一场"芜湖之行"，把革命火种广泛传递。刘文典，便是于此时加入同盟会的。此时此刻的他，不再彷徨，不再无措，他坚定自己的信念，无畏向前。这一时期，安徽公学中有80多人入会，声势浩大，壮怀激烈！

加入"岳王会"，是刘文典人生中第一次与革命走得如此之近，也是他第一次感到彷徨。

4. 他乡遇师友

人的一生中，总会遇到这样几个人，他们在你身边影响着你，激励你。当你困苦之时，最先会想起他们，他们是我们人生中的指路明灯。知音难求，良师难觅。刘文典"疯狂"的一生之端，便始于恩师益友，是他们的精神，点燃了他心底那片躁动的荒原。

安徽公学毕业后，刘文典迫于国内形势不利，在家人的支持和资助下，于1909年赴日留学，进入了日本早稻田大学。

身在异乡，刘文典不忘胸中志向，只待学成归国，以报效祖国。留学期间，他也思念着祖国，关注着中国革命的动态。同时，他在日本也积极寻找中国的爱国组织，参加各种爱国团体。就在他心急祖国的革命形势之时，遇见了一个对他一生都有深远影响之人——章太炎。

刘文典与章太炎在东京结识。章太炎，原名章炳麟，在中国国内时，反清热情高涨，愿学习顾炎武"博学于文，行己有耻为主，合学与行、治学与经世为一"的精神，遂改名为章太炎。当时的章太炎从上海出狱回到东京，继续在日本宣扬反清思想，主张发扬"国粹"、"宗教"的演说，并备受推崇。

章太炎其人思想开放，早年从政，不满满清的异族统治，凡有反清之举，他必参与其中。同时其在经学、史学、文字音韵和文学等诸多方面都造诣匪浅，后被尊称为"经学大师"。

章太炎曾因戊戌变法失败而避难日本；回国后又因反清运动被清政府通缉，因此他于1902年再次流亡；1903年，他又因痛斥"载湉小丑"而坐牢，3年后出狱，被孙中山接至日本。此时的章太炎因执着的反清革命主张，在日本很有声望，一些具有进步思想的精英和有识之士都对其十分仰慕。

在东京，他开办的国学讲习会云集各方志士，鲁迅、周作人、钱玄同等人均被其吸引。他创办的讲习会也是中国历史上第一个挂牌的国学研究团体，他希望"用宗教发起信心"和"用国粹激动种性"，激发起国人的民族感情和精神。

异国他乡，陌生之地，遇到国人扬威，这样的现实鼓舞着刘文典，为什么在国外都推行的中国改革，而在国内却寸步难行？刘文典仿佛看见了中国革命的曙光。因对章太炎学识和思想的推崇，他本人十分想与之交往。1910年，在友人的介绍之下，刘文典终于如愿，拜在章太炎门下，学习《庄子》、《说文解字》等。

刘文典之后成名于古文，其造诣皆由此。章太炎对于古文的研究不同于其他人，接触多方文化，陶冶其中的他对古文有自己的见解。他首先依靠扎实的基本功，再加入西方思想，使之自成一派，见解独到。刘文典自幼习诗书礼义，在少年时接触西方文化，与章太炎的经历十分相似，并都热爱中国革命之事。这样的经历，也更使其愿意接近章太炎，两人亦大有惺惺相惜之感。

刘文典的《回忆章太炎先生》，其中详细描述了他初次见章太炎时的情形——"我经朋友介绍，去拜见他。章先生穿着一身和服，从楼上走下来，我做了自我介绍之后，就说明来意，要拜他为师。他问我从前从过什么师？读过什么书？那时候，我明知道他和我本师刘申叔（师培）先生已经翻脸，但是又不能不说，心里踌躇了一下，只好说：'我自幼从仪征刘先生读过《说文》、《文选》。'他一听我是刘先生的学生，高兴极了，拉着我谈了几个钟头，谈话中间对刘先生的学问推崇备至。他忽然又想起来说：'是了。申叔对我提到过你。'从那天起，我就是章氏门中的一个弟子了。"

虽时隔久远，但刘文典的记忆从未模糊。想必他在写下这篇文章之时也一定是快乐的，隔空望着自己的良师益友，那张远去的面庞，他一定是高兴的，也必定对自己当初结识章太炎感到庆幸。

刘文典在日本时期，是他古文突飞猛进的一个阶段。刚开始，他跟从章太炎学习了《说文》、《庄子》，但由于年纪太小，并不能完全领会。随着时间的推移，阅历的增加，以及研习章太炎对古籍的领悟，刘文典对古文的解读才迈向了一个更高的台阶。

一天下午，章太炎正在给同学们讲授《庄子》内包含的佛学理论，就听外面有人用中文叫喊着什么，大家都伸出头去张望。

原来，是一位同学买了一份报纸，上面正是中国武昌起义的新闻，众人都很激动，章太炎和刘文典也不例外，内心翻涌着。

章太炎得知祖国革命的消息后，便不再一心只谈国学了，他举办了很多聚会活动来倡导革命。后来，他和刘文典相继离开日本，也因申叔的事，往来慢慢变少，不过，距离相隔，刘文典对章太炎的感情却从未消退。

袁世凯死后，章太炎一直住在苏州，刘文典那时正在北京大学教书育人，地理差异，使其不能再像从前在日本时一样跟章太炎研究国学了。章太炎晚年时，逢人便提起刘文典这个学生，一来是因为他痛恨蒋介石，而刘文典也是如此；二来也是因两个人个性相似。

"九一八事变"爆发后，章太炎不顾战火纷飞，冒着生命危险来到北平。他要见张学良，劝张出兵讨伐溥仪。一到北京，他就找人叫来了刘文典，刘文典马上来到了章太炎所住的西城花园饭店。章太炎看到刘文典这个自己喜爱的学生，摸摸他的头，说："叔雅，你真好。"之后大骂蒋介石的不抵抗政策。

章太炎与张学良见面时，毫无卑微客气之态，而是义正词严，就算在楼下的刘文典都能听到当时房内传来的争吵声。刘文典在回忆录里写道，"听见他大声疾呼，声震屋瓦，那种激昂慷慨的声音，至今还留在我耳朵里。"

之后，章太炎搬到了东城永康胡同，还特意写了一副对联送给刘文典，"养生未羡嵇中散，疾恶真推祢正平"，既告诫刘文典不要吸烟，又夸奖他对蒋介石的态度。

其实，章太炎对蒋介石的愤恨完全来源于后者对革命的态度——在关键问题上的不作为。此足见章太炎无个人恩怨，均国之仇的宽广胸怀。章太炎的一生，人格的伟岸和学问的高深都是常人难以企及的，他与袁世凯斗，与蒋介石争，都源于对国家的热爱。他不仅是一个人在斗争，在他办学讲课的过程中，也将这股正气之风播撒到了中国更广阔的大地上，他的熠熠星辉，直至今日仍激励着很多人。

刘文典与章太炎结伴共事的时间并不长，但在其后来留下的诸多文字中可看出他对自己这位启蒙老师的敬佩，他也身体力行着。

生逢烟火之时，成于混乱之际。对于常人而言，那段时间是留给生存的。可年少的刘文典，却在世人惆怅的岁月中积蓄着自己的能量。或许，他并不知未来的自己究竟要走哪条路，但现实告诉他，"天下兴亡，匹夫有责"，每一份沉淀的力量，都是为了破茧成蝶的那天。他做出的选择，历史自有公道的评价；他结伴为伍的人，冥冥中也自有安排。

5. 运笔抒己怀

神州大地，烟云撩动。那个时代的动荡，决定了必有先进志士涌现人前，这先进，代表着思想、行为。思想豁达，则行为大气；行为端直，则思想开明。在那段特别的时期，就注定了会有特别之人。无论在哪个时代，都有一批文人用字讨伐，用文章战斗，他们是一群特别的人——虽手无兵器，却锋利十足。

刘文典即出生在这样一个动荡的时代，遭遇的也不是平稳的世道，加之本身性情的非同一般，两者相互作用，催生了一代狂舞之士——一个剑拔弩张的武士。师承章太炎，让刘文典本性中的"癫狂"更有喷薄之口，有物可言。而他后来能被称为"狂士"，与章太炎也有着很大关系。

若说刘文典的"狂"只显在文章上、学说上、言辞上，或许有些片面。作为那一时代的仁人志士，面对中国的革命潮流，哪有退让？哪有避其锋芒？他将己身完全投入在革命之中。

1911 年，随着武昌起义的炮声响起，海外志士纷纷揭竿而起，归国，投身于反清斗争之中。次年，先进人士孙中山作为临时大总统，率南京政府与腐旧的清廷对立而视。作为早期同盟会成员的刘文典，很快进入了《民立报》，担任编辑和翻译，为民主革命尽一份绵薄之力。

在那人才济济、革命党人云集的机关报中，刘文典有幸与宋教仁、张季鸾、吕志伊、范鸿先等人为伍，共同传递新思想、拓展新局面。也恰在此期间，他第一次见到了孙中山。

其实，刘文典与孙中山，早有渊源。自其于安徽公学就读之时，便逐渐接受了诸多新思想。而这新思想的传递者中，则属孙中山居首。孙中山作为中国革命的第一人，是中国近代民主主义革命的开拓者，是三民主义的倡导者，他推翻了中国两千多年的帝制，将中国国民推向更民主、更自由的历史中去。他也是中国革命的倡导者，代表着中国革命的曙光，中国革命的新崛起。

孙中山唤醒了中国的有志青年，带领他们投身革命，刘文典就是其中一位。刘文典很早就知道孙中山及其所做辉煌之事，对其万分敬佩，只是当时这种敬佩更多来自于报刊杂志，是通过文字了解，并未谋面。

此时他终于有机会见到孙中山，一睹这个一心救国救民之人的风采，内心自然兴奋不已。尔时，同盟会总部也在武昌起义后由东京迁回了上海。

可以想象，对于那些苦于寻觅未来出路的开明国人而言，《民立报》无异于"航海之灯"，且不论这方向正确与否，但在当时，这种指示也恰是迷茫中的国人亟须的。

　　成为同盟会一员的刘文典，一心想着尽自己的力量添砖加瓦，以自己之能扩展刊物的影响。那时，他的工作任务就是为新革命摇旗呐喊，为穷苦的百姓大众找到出路，为与他一样的莘莘学子觅得报国之法。

　　这是一项伟大而艰巨的任务，身处其中的刘文典觉察到了身上的重任，颇感力不从心。的确，对一个二十几岁的青年而言，这样的工作确实太重。可他仍尽心尽力，不打退堂鼓。待孙中山到来，刘文典心生希望，斗志猛增。

　　孙中山赶赴上海建立《民立报》的编辑部，一来旨在感激一群幕后志士的卓著贡献——此次革命事业，数十年间屡仆屡起，而卒观成于今日者，实报纸鼓吹之力。报纸所能鼓吹之地位者，一能以一种之理想普及于人人之心中；二来是为了尽早建立根据地，让革命之火燃烧得更加旺盛。

　　孙中山的鼓舞，对刘文典等人而言当属"火中加薪"，这种肯定，更让他们不惜一切地为革命鞠躬尽瘁。而孙中山应报刊中人之邀所写的"戮力同心"四字，令刘文典一干人的雄心更胜往昔，刹那间热血沸腾，久久不能平静。

　　那个时代，是志士勇登、杀戮不减的时代；那段岁月，是热血者以心殉国、毫不畏惧的岁月。宋教仁、孙中山，此等革命之士，只为中华"四万万同胞"泼洒热血，他们不曾退却、不曾妥协。刘文典在他们身上，看到了祖国的未来，祖国的希望，他也在践行着中国的革命精神。

　　彼时的刘文典，思想已被孙中山等人的革命道义所填满，他努力做好本职工作，在编辑和翻译的工作之余，亦会以"刘天民"、"天民"等笔名纵论天下、大谈四宇和对国内政坛针砭时弊。他的文字豪放不羁，说理入木三分，他关心国家，关心百姓。渐渐地，他的文字成为了一种力量，成为了一种可让黎民刺穿枷锁的力量。

那时，《民立报》一出，竟有"万人空巷"的夸张之态，"竟至有出银元一元而不能购得一份者"。很快，这份报纸就成为地方革命党人的精神支柱。

《民立报》是在清末民初，由一群爱国志士创立的资产阶级革命派的报纸。在当时，各种阶级斗争的报纸琳琅满目，《民立报》名声甚大。1910 年 10 月 11 日，于右任在上海的公共租界地区创办了《民立报》，宋教仁、范光启、刘文典等人皆在此任职。值得一提的是，《民立报》经众人商讨，特别设立了《民贼小传》的专栏。在这个栏目中，很多卖国贼的卑劣行径和政府的不作为都被揭露了出来，笔者还用事例公开提倡人民革命，建立新中国。于右任、宋教仁，更是以"扫心""渔父"作为笔名，写出鞭策国人的文章。

在众位同僚的影响下，刘文典看到了革命的另一种形式。他第一次意识到文化、教育对于革命的力量，文人也可用自己参与革命的方式改变历程。这作用，可能比直接流血牺牲更巨大。

刘文典，正是在这一时期更加深入革命，真正成为了一名革命人。他参加《民立报》的编撰工作，以笔名在《民立报》上发表文章，参与到国家命运的讨论当中。这一职位的转变，也为其本人开启了一个全新的时代，使之与文字更亲近，更切身地感受到了文字的力量。

中国的革命炮火还在燃烧着，不曾减退。中国的百姓开始醒来，不再隐忍强权的欺辱，他们不再逆来顺受，开始意识到人是有权利的，他们拥有民族、民权和民生，他们要翻身农奴把歌唱，他们向往更自由更民主的生活。

第二章　笔耕从戎马

1. 仲甫凉风意

翻开刘文典的史料，追溯其革命之路时，总得先提到陈独秀。陈独秀倾心于政治，而其本人亦是不落窠臼，这份大志和独特性情，都对刘文典引力十足。只是，陈独秀带着文人的棱角参与政治，是总归不得幸事的，刘文典似乎看透了这一切，才未重蹈覆辙。

历史对于一个人的评价是公正的，但却不近情理。人不是神，面对选择难免会出错。陈独秀就是这样一个"出错"的人，可后人仍不能抹去他的功绩。

"一枝独秀开正艳，狷介狂傲众人羡。政治潦倒心失意，才华锋芒实难掩。"这也许是对陈独秀很公正的评价，世人对他政治上的评价更多，却忽略了他的为人。

陈独秀除了革命者的身份，还是一个不会钻空子的文人，他的傲骨，决定了他在文化上的造诣和政治上的不得志。相信刘文典在与陈独秀结交之时，也是被其人品和学识吸引，而非政治上的作为。

因陈独秀的"政治之缘"，刘文典对革命之事激情满怀。在与他交好的过程中，刘文典也从原来的一介书生变成了革命的参与者。虽然于1909年结束安徽公学课程之后，他便自费留学日本，与陈独秀也慢慢疏于往来了，可他矢志革命之心，却天地可照，而他身上那股"流狂"之气，也未曾忘却源头。

彼时，陈独秀革命之心日甚，这风头自然容不得他人之眼，慢慢地，他逐渐成为"反势力"打击和迫害的对象。二次革命之后，陈独秀紧随柏文蔚，起草了《安徽独立宣言》，告诉他人安徽这个地方的自由，但这只是表面现象。

是年8月，名义上安徽已经宣布独立，但当时的安徽军师胡万泰与袁世凯早就往来已久。胡万泰当即反戈，帮助袁世凯对付柏文蔚，柏文蔚不得不离开安徽，陈独秀也是因这般牵连而从安庆转到了芜湖。

当时，芜湖驻军负责人为龚振鹏，他与陈独秀有些交情。两人结识于岳王会，曾是并肩战斗的兄弟。只是时至今日，时局混乱，这旧识交情，似乎怎么也抵不过私利和强权。

龚振鹏与柏文蔚不太对路，也许是在岳王会时就结下的嫌隙。故此当柏文蔚身居险地之际，他坐视不理，置若罔闻。陈独秀自然看不惯了，他身有文人的豪情气节，见了龚振鹏后，直接质问其"是何居心？"

龚振鹏见状，怒火顿起，你是何人，竟如此无礼，即叫了手下："先绑起来，尽快枪决！"

陈独秀毫无畏惧，且直面斥责龚振鹏某些不耻之行，更义正词严地催促道："要枪决，就快点吧！"

这就是刘文典认识的那个陈独秀，铁骨铮铮！他不会因强权低下高贵的头颅。日后刘文典为陈独秀四处奔走，也是因文人的相互敬佩，更是对陈独秀人格的肯定。

志士仁人，自古都有一番刚烈之性，这也是后人为他们的胆识拍手称赞的原因。那时的陈独秀，大有将生死置之度外的风发意气。不过，他尚"命不该绝"，否则就太可惜了。就在龚振鹏欲动手之时，旅长张永正（与柏文蔚相识，并追随其，后为袁世凯所杀）带兵行兵谏，龚振鹏也未轻举妄动。虽及至此，可危险尚存，若没有搭救之人，恐怕陈独秀这时早就成了"烈士"。

是时，刘文典回到上海，担任《民立报》编辑及英文翻译。因其时刻关心革命之事，很快便听闻陈独秀受难一事。他知道事关重大，稍有行差踏错，恩师即刻会身陷囹圄，甚至会丧命。他四处奔走，渴望迅速找到营救之策。

当夜，刘文典马上行动，找来了另两位好友——范鸿俣、张子刚，一同商议解救之法。讨论过后，三人决定请柏文蔚出山。刘文典马上写信给柏文蔚，叙述了事情发展的详情，嘱咐送信使者务必要把信亲手交给柏文蔚。

尔时，柏文蔚已逃至南京。收到来信后，思量再三，也知道此事重大，决不能让陈独秀这样优秀的革命同志就此殒命。他不顾自己的安危，连夜坐船从南京来到陈独秀的所在地——芜湖。虽然危险，但也要一试。

按理说，柏文蔚与龚振鹏彼此早就有隙，互相看不顺眼，刘文典欲求柏文蔚出面讲情并不可取，但事关危机，也想不了许多了，柏文蔚也是硬着头皮上。加上两人曾是革命同路人，凭这一层关系，龚振鹏自不能不管不顾。

其实，龚振鹏也并没有杀陈独秀之心，只是当时陈独秀言辞激烈，让他下不来台，所以才出此下策。陈独秀刚一入狱，四方求救之声顿起，他也不想走在舆论的风口，更怕四处为敌，于是便做了个顺水人情，放了陈独秀。

对于陈独秀这次被捕的原因，历史上众说纷纭，除与龚振鹏发生口角外，还有两种猜测：其一，传言龚振鹏与柏文蔚向来不和，可陈独秀却偏爱这位同道中人，因此迁怒陈独秀；其二，二次革命惹怒了袁世凯，他秘密下令追捕相关人士，陈独秀当然在其中，又正好被人发现，这才入了狱。不管事实到底是哪种，入狱倒是确有其事的。

而此次陈独秀能毫发无损地走出监牢，刘文典当真居功至伟。也因此渊源，刘文典在陈独秀的心中更有分量，他知道，如若没有刘文典此番东奔西走，四处求救，自己早就与其他革命者、与家人天人两隔了。因了这般原因，陈独秀对刘文典既有感恩之情，又有赞誉之意，两人的友谊也迅速升温，不再局限于师生，而是上升到革命情谊、一同成就伟业的伙伴上来了。

经过这次事件，陈独秀回到上海，过了一段安稳日子。他在上海潜心修学，编撰了《字义类例》一书。这是陈独秀当时第一本学术论著，内容主要是对汉字的解析。平安度过一年之后，他的身体和心理上都有了恢复，转而又变成了战士。

那时的陈独秀很窘迫，可谓身无分文，对于那段岁月，历史上对其形容多是，"度他那穷得只有一件汗衫，其中有无数虱子的生活"。

平静的背后往往蕴含着危险。不久之后，陈独秀遇到了他人生中的下一个难题，他也将再次背起行囊，漂洋过海，东渡日本。

从陈独秀的生平来看，这之后他再也没有到过安徽。

陈独秀于1942年5月27日在重庆去世。芜湖，成了他在安徽的最后一站，在离世前他也未曾回家乡看看。自 1913 年 8 月后，陈独秀再也没有踏入过安徽这块生他养他的土地，也许是因牢狱之灾让他颇感蒙羞，也许是安徽这个故乡已不需要他了，他要站在更大的舞台上。

此后的陈独秀，开始了四处奔走的生活，一生中先后四次入狱。

而刘文典呢？他自此时开启了自己正统的革命之路。其后追随孙中山，也是在与陈独秀"分手"的同时，内心滋生的冷却之意使然。但在这之前，他与陈独秀亦是建立了相当长且深厚的政治情谊，且因这份情谊，引航出了启迪国民之智的惊天巨浪。

2. 暗潮涌动时

从古至今，国内国外，每一段革命都有它的阴暗面，有人愿意为革命抛头颅、洒热血，也就有人借革命的机会大行投机主义之事；有人愿意用自己的身躯铸成长城，建立新的平等自由的国度，也就有人利用革命，排除异己。

刺杀，在每段历史中都存在，有人说这种行为是铲灭敌人最有效的方法，但也有人说，这种行为不足以真正地改变历史，获得胜利。我们无法评价这种方法的好坏，能肯定的是，每种方法都自有它的道理。

《民立报》办得有声有色，刘文典也自觉自己终于找到了一条满足自我抱负，救国救民的金光大道。然而，就在刘文典的革命之路走得越来越宽之际，阴暗角落的迫害行动也伺机而动了。

1913 年 3 月的一个晚上，对很多中国人来说与往常并无二致，可对另一些人而言，却黑暗无比。一个晚上，一名革命将领就此消殒，无数革命人几乎失去方向。

当晚，刘文典与平时一样，在居所中看书，思索。窗外夜色宁籁，悄无声息，他并没有感到什么异样，可这般静寂，却酝酿着一次危险的发生。

一阵急促的敲门声传来，把刘文典浸入书海的思绪拉回了现实，他不禁一阵茫然。他猜测着如此深夜，谁会登门？边想着边起身打开屋门。

面对眼前来者，刘文典正欲张口询问，话还未出口，只觉得肩头一阵剧痛，随即传来一阵震耳的枪响！

刘文典周遭的时间仿佛静止了一般，短短的一瞬间，他想到了很多，想到了自己并不长的人生。儿时的家出现在他眼前，他的父亲母亲，兄弟姐妹一一浮现，就像他还在家里一样，他又想到自己的那些同僚，那些慷慨激昂的日子……

很显然，这是一次"暗杀行动"，一切都来得那么让人措手不及。刘文典还未看清来者的面容，那人便已消失于浓浓夜色之中了。随即，万事归于平静，好似梦境一般，只留下怔怔的刘文典，以及他那血流如注的肩膀，证明刚刚发生的是现实。

幸好，刘文典伤势不重，经过医生处理，静养便可痊愈。局势如此混乱，完全出乎了刘文典的预料，他好好忖度一番后，觉得此事不可声扬，遂想息事宁人。

几日之后，各大报纸刊物便刊登了"宋教仁遇刺"的字样。消息传来，令世人震惊。后来经过了解才知道，凶手原本的暗杀对象是宋教仁，但是因为正值深夜之中，灯火不明，路不好找，凶手居然摸错了门，找错了人，把刘文典错当成宋教仁了。

辗转中，刘文典等人得知了宋教仁遇刺时候的情形。在宋教仁搭乘火车去往北京的途中，在火车站检票时，遇到了刺客。当宋教仁觉察到时，他用手摸着腰，并对周围的人说，"我中枪了，有刺客。"话音刚落，就见一黑衣男子快速跑开了。

当时同行的有于右任，看到宋教仁受伤，他十分镇定地说："现在一方面要追捕凶手，一方面赶快送入医院，我去找车子。"吩咐完，他马上去外面找了辆车，把宋教仁扶上车送往医院，另一方面继续安排着追捕凶犯一事。

此时的宋教仁还很清醒，他拉着于右任，对他说："我痛得很，恐怕活不下去了，现在有三件事奉托：第一，所有在南京、北京和东京存的书，全部捐入南京图书馆；第二，我家很穷，老母尚在，我死后请各位替我照料；第三，请各位继续奋斗救国，勿以我为念放弃责任。"

宋教仁的伤势很重，到达医院后，经医生查看，发现子弹含毒。医生经过多次开刀医治，期间宋教仁痛苦的呻吟声让闻者不忍。清醒时，他还对周围人说："我为了调和南北，费尽苦心，可是造谣者和一般人民不知原委，每多误解，我真死不瞑目。"

医生的抢救并没有让宋教仁转危为安，在弥留之际，他口中喃喃，"我们要集中全国力量一致对外"。看及此，黄兴在宋教仁耳边悲切地说："遯初，我们会照料好的，你放心走吧。"宋教仁听到此，眼睛慢慢睁开了，头向他处动了动，眼中有泪光闪烁，他离开了。

宋教仁，生于 1882 年，卒于 1913 年，字遯初，号渔父，湖南常德人。他是中华民国的缔造者，与黄兴、孙中山，一同主持第一次的改组国民党，他走在了这个时代的前列。

刘文典获悉事情的原委后，顿生一身冷汗，一位爱国的革命者，就这样离开了世人。这也是刘文典与死亡第一次接触得如此之近，甚至在被"暗杀"时，恍惚间以为自己已经死了。

宋教仁被暗杀的事实，惊醒了更多的革命志士，他们意识到，宋教仁留给他们的，不是畏惧前进，而是迎难而上。可叹的是，当"宋教仁事件"上升到一个更高的位置时，中国这个有望，或正在突破束缚和枷锁的国度，却一步步地在燎原之火的"渐熄"中，裹足于封闭自我的旧旋涡中，前方的冰冷让人害怕和犹豫。

原本，宋教仁的死就已令国内诸多革命志士震惊不已，他们内心那颗曾被"黑暗势力"打压的心也瞬间雄心万丈。是时，有消息称：暗杀宋教仁者，为袁世凯的亲信。这无疑更让这些革命志士愤慨不已。

此前，"袁大总统"（袁世凯）有意拉拢宋教仁，希望其能担任政府总理。可宋教仁自辛亥革命成功后，积极组建新党，坚守自己的内阁政治，决心孤立袁世凯，如果猜测正确，那么这是他"惹祸上身"的理由。因而，当革命志士一众听闻此内幕，个个义愤填膺。

很快，刘文典等人对袁世凯口诛笔伐，一篇篇声讨檄文应运而生，他们在一篇题为《中华民国之特色》的评论文章里写道："大总统为人所暗杀，此举世所曾见者，今以总统总理而暗杀人，此民国之特色者一。政党拥戴政雄，此世界所曾见者，今以政党而拥戴杀人犯，此民国之特色者二。"此文讽刺至极，对袁世凯之行径大加批判。这是刘文典等人在面临强权与死亡的威胁时的选择。

无独有偶，若说"宋教仁事件"是袁世凯由嫉妒生杀人之心，这是个在一般人眼中"有情可原"的事情，那么随之爆出的惊天丑闻，可当真使他在国人心中的唯一一丝依赖之意荡然无存。

1913 年 4 月 26 日，继"宋教仁事件"之后不久，袁世凯行

"卖国"之举：以盐税和海关税担保，向英、法、德、日、俄等五国银行团签订两千五百万英镑的"善后"大借款协定。这铁一般的事实，让人对袁世凯已无半点幻想。霎时，整个华夏大地为之震颤。

国之变革，仁人志士皆无运；家之重建，黎民百姓多枉然。自古及今，那些先行者多半充当历史车轮下的碾痕，可这般清晰的痕迹，却也为后来之众指引着、导向着，告诉他们无论怎样，都要选择前行。

刘文典，就是其中一条清晰可见的车辙。中年的刘文典，在看过世事沧桑后萌生了退出政坛的想法，但未退之前所有的政治作为，都是在为建立一个自由民主的国度而做出的努力。

3. 革命复前行

革命并不是一蹴而就的，那是一条漫长而又艰难的道路，荆棘丛生，魑魅魍魉。革命之中，为民者，天下人人均可剖析之；为己者，世间何人皆未窥探之。

革命者，一颗心铺在光明之路，换来的不管是鲜血还是不解的谩骂，此心不改，心意不变。只是，这一颗炙热的爱国之心，在那个光怪陆离的岁月里，唯有惨遭涂炭的下场，实在悲惨至极。大抵，这是刘文典最终挥手政治的一个因素。从一个大的方面讲，这是他所做出的一个明智之举。很多人可能会骂他是胆小鬼，可在争当烈士之前，他首先是个"人"。

刘文典有妻有室，虽投身革命，是个战士，却不能忘了丈夫、父亲的责任。他接受的西方文化教育颇深，可并不能就此断了作为人的七情六欲，在面对未来的无力感面前，他也想过要逃脱这本不属于他的战场。只是，他还未离开，困境便适时出现。

宋教仁的惨死，袁世凯的"卖国行径"，激起了革命志士的万丈豪情。彼时，身在日本考察的孙中山，闻得宋教仁惨遭暗杀，也顾不得其他，即刻回国，回到战争中，回到需要他的同僚和民众中去。思起曾经的斑斓岁月，自是一番忧郁的情绪。对孙中山来说，除了再行"天道"，已无他法。

1913 年 7 月 12 日，袁世凯终于惹怒了各路革命者，讨袁总司令部随即在江西成立。时任江西都督李烈钧于湖口宣布独立，与袁世凯进行对峙。自此，由孙中山等人领导的"二次革命"应时而生。

一石激起千层浪，随着李烈钧的"大举义旗"，江苏、安徽、上海、广东等省市纷纷独立，誓与袁世凯分庭抗礼。神州大地处处狼烟，革命者们，不论体系派系，皆有一个共同的目标，一时之间，讨袁之声不绝于耳。

刘文典也积极参与到"二次革命"之中。他虽不能舞刀弄枪，没有"大丈夫战死沙场，马革裹尸"的机会，可硬气的笔杆子也赋予了他热血之气。"国家兴亡，匹夫有责"，除了继续用笔杆子撑腰外，他还有一个重要的任务——他在革命中担任起"运送伤员"的角色，只为出得一份力。

刘文典并没有因这一工作简单而轻视，照看起伤员格外用心。看着这些革命同僚死伤惨重，原本还是活蹦乱跳的人，可能在第二日就死去，此景，没让他心生恐惧，倒令其更加斗志昂扬。他相信孙中山的决定，相信"二次革命"是符合情形的战略。繁忙之余，他十分关注"二次革命"局势的发展。

其实，自宋教仁暗杀事件曝光后，袁世凯的日子就不好过了。当凶手在上海租界被抓捕后，通过各种搜查和论证，虽未有确凿的证据，可矛头都直指袁世凯，狡猾的他很快将罪行推到赵秉钧头上，后迫于舆论压力，将赵秉钧的总理之职撤掉，由段祺瑞代理。也许，这是"二次革命"最明显的成果了。

1913 年 10 月 6 日，袁世凯被任命为第一任大总统，之后过河拆桥，以国会人员不足为由命其解散，他成为了寡头总统，并在一段时间后称帝。袁世凯的狼子野心终于暴露了出来，革命于他仅是一场权力的斗争，他眼里从来没有人民和民主。

革命，意之为"除旧布新"，可这不是革命的全部，而革命也从不是简单之举，不是澎湃的热血和激荡之情便可颠覆天地、扭转乾坤。

如此，"二次革命"因袁世凯的称帝及党内意见纷争，尚不及两个月的时间便宣告失败。幸而，袁世凯的野心昭然若揭，不久他的称帝计划也随之失败。可悲的是，这却开启了民国历史的不幸。自此，本该早早建立的民主国家制度被一场闹剧耽搁了。一个健全国家机制的时机被白白浪费，各系军阀争来斗去，百姓又深陷水深火热的困境之中。争斗不休的日子让百姓们厌倦，也让刘文典厌倦了。

文人的情怀，在那个特殊的时代，总被赋予了很多的惆怅和难抒之志，似乎唯有如此，方显文人的骨质。不管刘文典如何投身革命，在政治上如何为新思想之落地殚精竭虑，他也仅是一个文人，一个善良的文人，难以在复杂的政治旋涡中与那些久居者斡旋。

革命之火的暂熄，并未压制蠢蠢欲动的革命种子。那种子，埋藏于每一个期盼迎来新世界的人士心中，慢慢生根、发芽、壮大。

只是，有些人并不希望这种子存在，比如袁世凯。

　　"二次革命"虽然以失败告终，可对袁世凯而言，绝非革命之举的终结。他希望看到自己"登基"的那天，并希望这天永存，而能保证这一果实的唯一方法，即是继续暗杀。

　　1913 年，随着二次革命的失败，袁世凯以背景检察厅的名义开始通缉孙中山等革命志士。作为革命者的刘文典，亦在通缉之列。面对眼前现实，他只得逃跑，携带家人躲进英租界。这时的刘文典，与未来骄狂的刘义典判若两人，也许正是这时的"怕"，才让日后的他更加恣意地"猖狂"。

　　见到过那个骄纵的刘文典的人，怎么会把他与眼下这个落魄的人联系在一起？那段时日，之于刘文典而言，可称为落难。逃到英租界的一家因走得匆忙，并没有带足够的钱财，也不知在租界里要住多久，工资也少得可怜。这可能也是刘文典第一次体会到没钱的滋味，从小衣食无忧的他方才看清了现实。

　　刘文典此后多次与钱财打交道，大多都是缺钱的角色。

　　在英租界的一间小房子里，刘文典一家相依为命，日子过得十分清苦，居然到了一家人每晚只能靠一床棉絮取暖的地步。生活实在难挨时，这床棉絮也只得进了当铺，以换取果腹之物。

　　"二次革命"，对当时的百姓来说是又一次战争，对刘文典来说，即是他人生中的一次最严峻的考验。这考验是生命上的，也是精神上的。刘文典的工作因此发生了变化，刚从革命中稍有脱身的他，又被卷入战争中，从书籍走到了硝烟腹地。

　　发生的这一切似乎太快，让刘文典不得喘息之机，面对家庭的责任，他开始犹豫自己的选择究竟是否正确？战火带给人民的是生还是死？明明是为了建立民主自由的国度，明明是为了百姓，但为何怨声载道，这是每一次革命中都必须经历的？他多想能安心下来仔细回味，但他不能，那时的他必须早早睡去，好为第二天的果腹食物奔劳。

4. 孤鸿传同心

袁世凯自当政之初，除了拉拢宋教仁，还有一个人是他极想吸纳至麾下的，他就是刘文典的同乡——范鸿仙。

范鸿仙，名光启，别号孤鸿、哀鸿，年长刘文典 7 岁。其家境普通，世代务农，虽与刘文典同乡，却因出身的因素，彼此并没有太多交集。直到他们俩都加入同盟会，方才开始了往来。那之后，范鸿仙以其不逊于宋教仁的狂狷之态，令刘文典更为欣赏。

范鸿仙参与政治活动十分频繁，且颇有些独到的见解，加之为人大气，在革命党人中，他自然成为了翘楚。有记载，当初袁世凯为拉拢范鸿仙，特地派人以开会之名送其"华屋美妇"，结果却遭到了范的拒绝。自宋教仁不幸惨遭毒手之后，范鸿仙更是大为震怒，当即在《民立报》发文称"与恶政府不共戴天"，同时更呼吁国人"牺牲吾人宝贵之碧血，以刷新共和之颜色"。

如此光启，岂能不入叔雅之眼？

刘文典首次日本留学归来之时，范鸿仙已是《民立报》的总理兼主笔，同时肩负着组建同盟会中部总会安徽分会的重担。当时，刘文典等人常常齐聚于上海法租界戈登路的范鸿仙居所，抒发救国情怀，商讨救国大计。也是在那里，刘文典结识了更多的同僚和前辈，学习他们身上的大志向和对革命的新思路。

范鸿仙不失为革命志士中的领袖人物，在刘文典眼中，他"才略纷纭，智能命世，江淮豪俊，多相亲附。既自负壮志，且欲扬鞭曜甲，与群雄并驱争先，夙于江皖之间，结殖根本"。刘文典自此与范鸿仙结友,他们互相敬佩,同时身为老乡,他们之间的感情更甚其他的革命友人。与这类人为伍,就不难解释刘文典在以后专治于文的情形了,身上为何有豪干且不拘小节之气,相信也与此有所关联。

在同为《民立报》的编辑之时,他们就都有志向,要一同为中国革命奉献力量。那时的刘文典与范鸿仙,已经是当时的领头羊,他们已成为可引燃安徽革命圣火之人。辛亥革命的成功,让国内各个地方纷纷响应,安徽当然也不能例外。当时,安徽同盟会会员张汇滔迅速组建了淮上国民军。可惜,凶残的袁世凯残忍地破坏了一切,全然不顾革命者的辛苦建设。

是时,袁世凯刚被清廷起用,而他的祖坟位于河南项城,他唯恐国民军以此相要挟,故而先行下手,派军突袭。此一战十分惨烈,国民军损失巨大,伤亡惨重。指挥作战的张汇滔见大势已去,最终愤怒自戕。

这一事件,让很多人敬佩张汇滔的勇气与刚正,但很多人也忽略了一点,革命者要用正确的方式方法来引领革命,不能因太过于急躁而失去意义,白白流血牺牲。这显露的是革命者的不成熟,败露的是袁世凯的阴险毒恶。范鸿仙与刘文典把这一切当作经验教训,看在眼里,刻骨铭心。

孙中山就任临时大总统时,袁世凯极力抗议,并命北洋军阀段祺瑞、冯国璋等横加阻挠。孙中山见状,丝毫未有退却之意,即刻下令北伐。而在北伐之中,一马当先者便是范鸿仙。

1912年时,革命之心日剧的范鸿仙回到合肥,募集五千精兵,称为"铁血军",矛头直指袁世凯。随即,一篇名为《铁血军总司令范君光启宣言书》,彻底拉开了声讨袁世凯的序幕。

金戈铁马,朔气金柝,本以为一场激战不可避免,范鸿仙大抵也做好了浴血奋战的准备，在他心中，满是国仇"友人恨"。只是，他的这份报国之心尚未得世人照见，南北和谈便开始了。更令革命者痛心疾首的是，孙中山竟将临时大总统之位让于袁世凯。

世人无法体会孙中山当时的心境，也无法评价他的做法，但这一举动确实让很多革命者失望。

闻此消息，范鸿仙号啕不已，悲叹道："伪孽虽去，袁贼未枭，北庭诸将，各仗强兵，跨州连郡，人自为守，而无降心，今权一时之势，以安易危，共和之政，不三稔矣!"

范鸿仙的判断没错，不灭袁世凯，共和实难成真，只可维系区区两三年尔。果然，后来发生的一切印证了他的说法。刘文典看到同乡如此忧愁，但心中也没有什么好办法，也只得陪着一同叹息。

风起云涌，秋风瑟瑟，彼时的国内，一片萧索。而后，宋教仁遇难。是年 8 月，范鸿仙、刘文典等人紧锣密鼓，于安徽芜湖召开会议，旋即成立"讨袁第一军"、"讨袁第二军"。一时间，革命之火再度燃起，瞬息间就已经形成了燎原之势。

对那时的范鸿仙来说，能"手刃"袁世凯，已经成了他做梦都想做之事。可令人叹惋的是，贫困的出身给他带来了一定的困扰，因没有显赫的家世，他在革命之时并没有足够的经费去组织革命。为了能尽革命之势，只能将自己珍藏的善本古董售卖，以充军资。

范鸿仙革命之心天地可昭，而袁世凯的狼子野心亦是昭然若揭。此前的"华屋美妇"之计不成，这次他故技重施，但得到了同样的结果。之后，他起了歹心——他想到了暗杀。

1914 年 9 月 20 日晚，范鸿仙与友人闲话，直至深夜。不料，他刚躺下不久，袁世凯所委派的四五人便闯入他的卧室之内，对他猛刺三刀，又开了一枪。范鸿仙受伤之处，皆为要害。就这样，这个有头脑、有想法的革命志士，带着难以解平的怨恨，带着大计不得施的遗憾离开人世。

范鸿仙并没有白白送命，他给当时的革命者注入了一针强心剂，让无数同伴看清了恶势力的真面目，他们也找到了方向，懂得了防范。

范鸿仙的死，犹如一道刺破苍穹的"极光"，使得革命党人原本的混沌瞬间被劈开。他们看清了现实，辨清了未来的方向。孙中山闻得范鸿仙遇难，悲痛万分，向其家人表示，待革命成功后，必对其厚葬。后来，范鸿仙被葬于中山陵区。其生不能再追随孙中山左右，死后却与之共守。

作为范鸿仙挚友的刘文典，受其子女委托，书写出《范鸿仙先生行状》，篆刻于其墓碑背面。寥寥数语，不甚华丽，却字字珠玑，简述了范鸿仙一生为国为民的事迹，也述说着刘文典对这位同乡的敬佩。

看到了"革命"一次又一次跌倒，刘文典悲痛万分，他再次拾起早时的思考：到底该用什么样的方法挽救中国，挽救中国的百姓？

25 岁的刘文典，已经历过留学、革命和暗杀，这些来得太聚焦、太突然、太危险，稍有不慎，他也会就此丧命。

宋教仁事件、范鸿仙事件，历历在目的血泪现实，让刘文典开始意识到，他的世界也许并不在此。

第三章　立国自有疆

1. 萋萋满别情

民国时期，乱象丛生，潜伏于暗处的敌人窥视着所有革命者，伺机给予重创。当革命者经历了太多次的头破血流，他们别无他法，只能暂时离开自己的祖国，奔走他乡，以求养精蓄锐，等待时机。

是时，孙中山作为中国革命第一人，常为了保存革命力量前往日本，在日本建立革命根据地，也正是在日本，刘文典与孙中山的情谊进一步加深。在日本的时光，是刘文典韬光养晦的一段时期，他在这里先后遇到了章太炎、孙中山，也重新认识了革命道路。

"二次革命"失败后，袁世凯发动他的幕僚，势要打倒一切反对之人，他下令，在他的势力范围内全力搜捕革命党人，一时之间，革命党人呼号震天。

内忧外患同时存在，革命人不怕流血牺牲，但他们不能白白牺牲，他们纷纷寻找适宜之法，隐去力量，等待再度崛起。这期间，很多革命党人东渡日本，暂避灾祸。日本成了当时中国革命党人的第二个根据地，他们在这里探讨中国革命的未来。

刘文典也是一名革命者，他当时并无多大名声，可仍逃不掉恶爪的搜索。适时，他正任《民立报》的记者，在袁世凯的一番追捕之下，刘文典决定暂时离开故土，待希望之火再燃之时回归。这次无奈之下再度东渡，他的命运也随之临近新的转折点。

1913 年 9 月 10 日，刘文典抵达日本，开始四处流亡的生活。当时，他化名为"刘平子"、"刘天民"，这是他第二次来日本，较之上一次，心中多了一份离国之恨。

身处他乡，刘文典还是时刻关注着国内局势，心想着不知自己何时才能再回祖国，回到那个让自己魂牵梦萦的革命战场上和民主斗争中。

在日本，刘文典的住所比较简陋，一则身上钱财有限，二则还不知何时归国，也就没有秉文人的性格，要着馨香之室，只要干净整洁就已足够。

对于日本，刘文典并不陌生，但周围的一切还是让他有些许的不习惯，毕竟不是自己的家乡。最让他觉得差别甚大的，表现在饮食方面。

日本是岛屿型国家，四面环海，由 4000 多个岛屿组成，独特的地理环境造成了这里独特的饮食文化。

日本人凭靠着大自然赋予的地理优势，积极扩展着他们对海鲜的兴趣。加之，日本地理环境决定了资源的匮乏，与中国相比，很大的一点差别就是，他们不喜用油。而中国地大物博，资源丰富，菜肴也琳琅满目，油是菜品中必不可少的。

另外还有一个区别，那时的日本在猪牛羊的养殖方面弊端明显，有着自己不能解决的难题，故而对肉食格外珍惜，肉制品价格也相对昂贵。

再次来到日本，刘文典当然知道自己要面临的难处，但也只能尽力克服，他本人"爱吃肉"这一特点，也许就是在日本少食肉后养成的——只有回国了，才能猛吃了。

当时的日本有不少中国人，只是饮食上并未如今日这般，有更多具有中国特色的圈子。刘文典在日本吃得最多的是拉面、寿司和鱼。这般日常饮食生活上的变化，让刘文典稍稍有些不适应，到达仅几日后，最初的新鲜褪去，他又开始想念起家乡的煎炒烹炸了。

当时在日本的中国人都有这样的体会，有个共同的困难，就有个共同的办法。那一时期，刘文典常跟几个友人聚在一起，到日本为数不多的中国餐厅大快朵颐一番，只是这种餐厅的菜价不菲，不需多日，他们就有些受不了了。

为了一解口福，这群可爱的伙伴又想出了其他点子。他们开始从连厨房都不进的人，慢慢琢磨起中国的饮食文化了。一伙人经常聚在一起，买来食材，洗涮干净，"刀光剑影"地做起饭来，这也可算是那段雾霾时光下的唯一一点阳光了，刘文典也在这样的环境中感受着仅存的一点轻松。

除了饮食，刘文典对那里的"床"有一点抵触情绪——他受不了直接睡在地上，但也只是抱怨几声罢了，毕竟他无法改变，每天直到很晚才去睡，用瞌睡虫来抚平心里的不爽。

刘文典在日本的生活，倒也算按部就班，平时读书看报，研究古籍，与友人通信，了解时情。若有聚会和演讲，他便早早穿戴整齐赶往目的地。那段闲散的避难日子，却让他身上的戾气逐渐消减，顺序有秩的生活，为其平添了几分和颜悦色，倒也是一种别样收获了。

那时的聚会中，尽是有名有志的革命者，刘文典在其中的光芒并不耀眼，这也在一定程度上重塑了他，他即是在如此之境下形成兼容并包的思想的。当然，那时他的认识还不够深刻，在对待他人思想的容纳程度上也有待提升。

刘文典不甘人后，每有活动都要到场，经常发表自己的言论。平心而论，刘文典的很多观点都具有启发性。他在那时就发现了日本人的一些性格特点，并告诫自己的同胞，切不可轻视日本人。这种细心，也为他日后"研究"日本埋下伏笔。

是时，中国国内局势紧张，安稳度日的刘文典不安于平静，对他来说，中国的革命一天没有完成，他的使命便在。同时，在他的内心深处，还有着强烈的"复仇"之念，而遇到同样流亡日本的孙中山时，这念想便越发强烈。

刘文典在这次日本之行中，与孙中山越走越近，最后成了他的又一位得力干将，也是中国革命的一块坚石。

可以说，在日本的蛰伏期成就了刘文典，让他无论在革命上还是学问上，抑或在性格上都有了自己的特点，他也开始懂得了思考的必要性。能成就他狂士之名的，绝不是不假思索的狂吼，而是审慎思虑后的疾呼，而其"思考先他人而行"，也在这段时间显露出来。

2. 中华革命党

孙中山再次抵达日本之后，他对自己的判断和未来有了新的认识，一次次的失败，不得不让他考虑更多。在多少夜不能寐的日子里，他脑海中一遍遍过滤着往昔，那些失败不曾浇灭他心中的革命之火，反而如火上浇油一般，愈燃愈旺。面对疾苦大众，面对国外的革命模式，他坚定了自己内心的本真想法。

流亡的孙中山，意图再举革命之旗，故此虽为"潜逃"之身，可他仍雄心不改，积极地在日本招兵买马，同时依靠国内还未撤退的力量坚守革命阵地。很快，他召集到一批革命的新鲜血液，这其中就有同样来到日本的刘文典。

在日本，孙中山成立了"中华革命党"。对此党派，著名历史学家唐德刚在《袁氏当国》里有一段相关记载：

> "党员分为首义党员、协助党员、普通党员三级，所有党员'必须以牺牲一己之身命、自由、权利，而图革命之成功为条件，立约宣誓，永远遵守'。因此，每个党员入党时，皆须各立誓约，加盖指模，声明牺牲自己，'服从孙先生，再举革命'。"

今日看来，中华革命党的入会宣言多少有些激昂，面对这样的誓词，在日本的中国革命青年也未曾退缩，极具牺牲精神。一个个热血青年发誓，始终为中国民众考虑，抛却一己私利，愿意追随孙中山先生，成为中华革命党的一员，就算牺牲生命也在所不辞。言辞之激烈可为一叹，报国之心更令人骇然。

是时，刘文典已逐渐适应了在日本的生活，就连吃不惯的食物和睡不惯的床铺，他也能"轻松"驾驭了。此时孙中山的到来，以及他创办的中华革命党，都让刘文典重燃了对中国革命未来之路的希望。在国内，孙中山的思想、秉性就已令刘文典钦佩万分，此番加入中华革命党，更让其彻底走进了孙中山的革命生涯。

孙中山作为一代优秀的革命领导者，身上的谈吐与气质自然非常人可比，加之其接受过多年良好的教育，待人处世不卑不亢，这种气质令刘文典折服，也就不难解释他日后的追随了。

当时，闻得孙中山成立中华革命党的消息后，刘文典便找寻机会，加入其中，这也让身在异国的他寻得了只属于祖国的味道。

那段时期的刘文典表现得很活跃，经常在中华革命党的会议上发言，谈自己对祖国革命的看法，对祖国命运的担忧，对国际紧张局势的判断，几种外力、内力的共同作用下，让他很快便在中华革命党内脱颖而出，也让孙中山看到了一个血性的有志青年。

在两人交往的那段时间里，孙中山懂大义、有礼有节的品格更是让刘文典敬佩。虽然已经在中国革命的道路上摸爬滚打了很长一段时间，可孙中山身上并没有一丝一般革命者的陋习，待人真挚的他，让刘文典看到了革命未来的希望。

在中华革命党人的一次聚会中，孙中山穿着呢子外套，步履从容地来到会议场所，耐心等候一个个青年的到来。刘文典等人因些事情来得有些晚，到了之后众人刚要说明原因，孙中山便摆摆手说道，"不必了，我自是信你们的。"不拘泥于形式的做事风格，让刘文典更生仰慕之心。

孙中山的中华革命党，有种敢死队的味道，若有需要，与袁世凯玉石俱焚也在所不惜。

其时，对于孙中山创办的党派，不少具有民主思想的革命者拒绝加入，因在他们眼里，孙中山的做法不亚于一种倒退。缘由是：入党的形式为"按指模、写誓书"，而革命的本质为"消除权力的绝对集中"，显然，此举稍有不妥。

从革命党派的建立和发展来看，孙中山希望加入此党的革命者都能对其"绝对服从"，表面上，他是为了革命行此事，可实际上，他采取的方式多少有些个人主义，与追求自由、民主的革命理念背道而驰。

中华革命党是中国国民党的前身，在创办之初，是为了中国清除内忧外患。中华革命党为在日本、在中国的年轻革命者提供了一个参与革命、改变历史的机会，这很值得肯定。截至当时，该党派成立只有两年时间，是"二次革命"后唯一一个坚持讨伐袁世凯的组织。简单来说，其在愿景上是好的，但它的本质还是逃不出当时革命的某种局限性。

中华革命党采取个人主义的原则，并没有将民族主义和反帝主义渗入组织中，这便脱离了当时的中国民众。在这种方向并不明确的组织中，隐患也就随之埋下。果然，在两年时间内，很多中国青年革命者加入该组织，可感受到偏差之时又选择了离开。因此，这次革命也没有在实际的战争中拿到主动权。值得庆幸的是，革命的宝贵经验被孙中山吸取了，在之后的其他革命和组织中，他开始注意到民族主义和反帝主义，并在未来的革命道路上重新审视了自己和中国的未来。

然而，当时的孙中山正处于自己伟大蓝图的构建中，对于其他革命人士的质疑之声置若罔闻，与他同样不放在心上的还有刘文典。故此，一旦有人怀疑孙中山的做法，他毫不犹豫地挺身而出，站在孙中山的身后，用行动支持孙中山，正因如此，才开启了他与这位伟人共事的经历。

他们毫不在意旁人质疑的眼光，甚至觉得真正的革命理应如此。对于前所未有的新革命，其形式、进程都是迥然不同的，于是，在可借鉴的经验少之又少的情况下，中国革命者在那时分出了几个营垒，他们都朝着自己认为正确的方向奋勇向前。

如果说，加入同盟会，在《民立报》任职，结识陈独秀，算得上是刘文典开始以"政治的方式"宣泄内心的报国热忱，仅算作是从政的铺垫，那么此时身在日本的他，才真正开始了自己的政治生涯，他不再是无名小卒，而是一个站在巨人背后的人，他从另一个角度看着中国革命的行进。

3. 磨剑试霜刃

孙中山，作为引领中国近代革命的重要人物，他的思想、眼界和胸怀激励了一代又一代的革命青年。他身边追随者众多，即使在他不得志之时，亦是有一众热血青年愿意追随。刘文典对孙中山的敬重，更是不亚于任何人，现在来看，与其说那时的刘文典忠于孙中山，不如说是"崇拜"。

在刘文典眼中，孙中山是个有大理想之人，有救国大志之人，高于同时期革命者一大截的人。在到达日本前，他虽然让位于袁世凯，可这确属"无奈之举"，革命形势、党内之争……诸多因素容不得他再深思熟虑，而这一事实，并不影响他在刘文典心中的地位。

在日本，他们第一次见面是在一日的中午时分。孙中山在日本的居所位于一栋破旧小楼的楼上，刘文典经过狭长的走廊，敲门进入，看见孙中山身着一件棉布和服，坐在一方旧短榻上，身边是一个操着广东口音的厨师，在为其送上午餐。

对此次见面，他年的刘文典仍记忆犹新："我留心看看这位做过大总统的人吃些什么？出乎我意料之外的是只有两片面包，一盘炸虾，总共不过值两三角钱，比我们当学生的在小馆子里吃的西餐还简单。我看他生活的俭朴才知道他人格的伟大，崇敬之意，油然而生，默默地坐在一边。"

不得不说，孙中山的简朴之风，是让刘文典义无反顾决意追随的主要原因，这次会面，孙中山的朴素形象与其脑海中之想象有着巨大差距，这着实让刘文典为之震撼。加之在那时的刘文典看来，能够实现复兴，带领中国走出一条新路，成为时代领航者的人，非孙中山及其一帮革命精英莫属。几方因素加在一起，让刘文典对孙中山大有百依百顺的味道。

宣誓加入中华革命党后，刘文典成了该党秘书处秘书，直接服务于孙中山。彼时，刘文典不过二十几岁，可参加革命的年限却不短。孙中山没有轻视身边这个年轻人，并委以重任，时常将自己的想法说与他听。

孙中山对刘文典毫无遮掩，见面便与其侃侃而谈，从不当他为乳臭未干的毛头小子，这让刘文典不甚感激。

年轻的刘文典，第一次尝得信任的滋味，对于革命之事他更为上心，将整个人都交付于中华革命党，也交予了孙中山。

"二次革命"虽然失败了，可反对袁世凯仍是他们工作的重心，且形势愈演愈烈，"反袁"已逐渐成为他们生活的主调。刘文典作为文职人员，自是以笔为器，协助孙中山展开一系列正义行动。他对局势的判断和敏感的政治笔触，就是在这段时期养成的。

整日接触政治类文章，刘文典的笔法开始变得犀利，面对混乱的局势，他常可一语中的，在他的笔下，中国革命者发现了革命的另一种力量，但这种力量还不够强大，尚需积淀。

1915 年 9 月 1 日，孙中山亲率革命党于东京集会，旨在反对袁世凯复辟，刘文典也在其中。虽然孙中山的某些做法并没有得到所有革命者的支持，但他反对袁世凯的举动，还是得到了他们认可。

在这次集会上，身在日本的各界革命者纷纷响应，加入反对袁世凯的行列中。众人同仇敌忾，蓄势待发。

同年 10 月 8 日，孙中山带领刘文典等人再行通告之举，直指袁世凯之复辟野心。苍茫大地，万里穹窿，震耳欲聋，异乡的他们不忘探索，连连发表讨伐之言，意在重建国度。与之前的集会一样，他们的做法和想法得到了各界人士的支持，彼此抛弃门第之见、思想之别，共商未来之事。

努力终得回报，袁世凯的复辟之路荆棘横生。袁世凯在窃取了革命果实后，想要高高在上做他的皇帝梦，可中国千千万万同胞决不允许。仅仅 83 天，袁世凯的美梦就破灭了，他的皇帝梦被彻底"吵醒"。

袁世凯在一片声讨中下了台，也在革命者的围堵下终而一命呜呼。孙中山和刘文典等人看到这样的结果，自是不胜鼓舞的，他们千辛万苦迈出的艰难一步，终于取得了里程碑式的胜利。

可怜的袁世凯，死后并没有得到他的"皇室安葬"，批评之声仍不绝于耳。他的死大快人心，而他的死也绝非受之舆论，而是其自身顽疾所致。

袁世凯死后，民国上演了乱象丛生的悲喜剧，军阀混战、张勋复辟……这一系列政治闹剧，也都没有掀起多大波浪，很快便消失于人民渴望正义、自由的大潮之中。

袁世凯倒台了，孙中山领导的民主事业却并没有如预想的那样顺利，他的革命之路仍举步维艰。

1915 年 5 月，孙中山回到上海。他下一步的工作重点是着手准备《会议通则》，希望能在局势还不明朗时领导众人，投身民主革命的斗争中。然世事远没有他想的那样顺利，其实在他还没有回国前，各方局势就已呈剑拔弩张之态，各大军阀都妄想重蹈袁世凯的覆辙。

国内外党派、军阀势力你争我夺，这种现实再次将苦难大众推进了火坑。革命，原是为了解放大众，可为夺权势的革命，则恰是一种对大众的束缚了。

各方势力极力扩张着自己的地盘，在乱局之中依次登场，所谓的"革命之火"，熊熊燃烧，越来越旺，如同九幽之火，烧伤了人民，也烧伤了很多真正为国为民的有志青年，身在其中的刘文典自然也感到了这般难忍的灼热。

世事难料，原本那么亲密的战友也有分别之时，刘文典与孙中山的友谊似乎也到了"穷途末路"之境。由于两人革命意识本质上有别，刘文典对待革命的态度开始有了转变，加之范鸿仙遇刺的现实，他的头脑变得从未如此清晰过，他发现，先前笃定自己此生必走的那条道路，原来并不适合自己。

自由民主之路，自有自由民主之士。政治的染缸，涂抹了刘文典一身的无畏之气。他从现实中慢慢看到，革命之路，充满了阴郁、热血、丧命，当然也有光明，只是，对光明之路的探索，要凝结太多的痛苦与波折。

4. 弃"武"从文路

早年的刘文典，深受社会大势的影响，加之令其仰慕之人多从政，这也不可避免地让他对于自己未来的人生路有所"误差"般地判断。说起来，他的那段政治路，也是他整个丰满人生不可或缺的一个版面，这使得晚年的他更侧重于现实，不如普通文人那样活在自己的构想和假设中。

如果当时的革命事业来得不那么艰巨而迷茫，相信刘文典是会成为一名优秀的革命者的，甚至会成为出色的政治家。只可惜，每个人都有他生而为人的责任，刘文典的责任，并不在政治上。这是"他的革命之路"越发波折之后他才意识到的。

刘文典个性鲜明，想法独立，看到革命变得扑朔迷离之后，他自是不能坐视不管，他积极地在政治中心诉说自己的内心想法。

"民众应当是第一位的，而不是革命战争的牺牲者。不要人人想当领导者，忘了我们的初衷了吗，对外对敌，而不是对着那个宝座。"刘文典的内心始终坚守这一革命初衷，可现实并不让他满意。慢慢地，他的革命情绪不再高涨。

刘文典可能是喊累了，也可能是他的心累了。

一个又一个原本的仁义道德之君，撕下他们慈眉善目的面具，露出凶狠的豺狼之相。是时，中国的民众经历了更多的心理煎熬，原以为在袁世凯下台后，可共享安稳盛世，但却事与愿违，一场又一场更为严峻的内斗袭来。民众并没有从袁世凯的下台中得到好处，反而过得更为艰难。

中国革命在乱象中匍匐前行。在面临黑暗之时，也就意味着光明不远了，但此时的中国，仍要在黑暗中摸爬更长的时间。

政治之乱，让孙中山等人感到无所适从，似乎失去了方向。他们去寻觅、去抗争，到头来，却换得一片杂草乱生，而非民众希望的整齐的苗圃。孙中山始终没有放弃革命，他打起精神，更加积极地投入其中。面对革命的现状，孙中山的表现让刘文典产生别样的想法。

刘文典的革命热情，因一桩桩丑陋之事而大大削减，民族的命运究竟会怎样？他感到格外迷茫。自加入同盟会开始，整整十年间，他始终追随着民主革命的脚步。然而，这条路似乎并不是他想象的那样，他开始对所谓的"政治"完全失望了。

到了该抉择的时刻了，是坚持自己认为正确的，还是继续跟从革命前辈？纵观刘文典的一生，他之所以被称为"狂人"，绝不仅是口出"狂言"，文章犀利辛辣，主要原因是他能在旁人摇摆不定时坚持自己。他的双眼清晰，从不盲目。

因为民主，因为自由，因为民众，他曾暂缓了自己的梦想。是时，自由、民主、独立，都应该以他期望的方式存在于他的世界里。

中国香港著名学者陈万雄，在其著作中曾对民国知识分子的革命追求有一段评述："作为辛亥革命运动的革命党人的五四时期新文化运动的指导者，个别人物如蔡元培、陈独秀、刘叔雅（即刘文典）、潘赞化等在辛亥革命中，在革命力量的组织、革命行动的推动上有较大的贡献。但总的来说，这批人包括蔡氏和陈氏，都是倾向学问钻研、学有专精的知识分子；在革命工作上又是较长于思想言论的鼓吹，教育文化的推广方面。尤其在辛亥革命后期，经多次革命行动的挫折，他们较疏离于日趋实际组织军事力量以图起事的革命主流力量。"

诚然，在经过一系列革命战事后，这些文人仿佛失去了血气，他们的战斗力量也似乎消耗殆尽。刘文典正是其中之一。他在此时并没有专心研究他的古籍诗文，其著作也在这一时期锐减，取而代之的是他一直在思考中国革命的未来之路，自己的未来之路。

结合现状，他似乎想明白了。在他看来，中国的革命绝不应该是现在这样。他羡慕古时候同仇敌忾之状，而不是今时拔刀相向之举。本是同根生，相煎何太急？同为中国人，有着驱除外敌的共同目标，可当取得一次小小战役的胜利时，却忘乎所以，着急独霸一方，这又如何去真正地驱除外敌？

中国的革命者在黑暗中前行，难以看见光明的出口，他们自乱了阵脚；此时的刘文典，有幸站在了出口边缘，那微弱的光芒甚至曾抚摸过他的面庞。

"革命绝不仅仅是一条路！"既然眼下的革命状态是自己不愿意看到的，那不妨去找一条新路。欲先使人觉醒，必先自受其识。

知识就是力量，是中国革命的未来。授愚昧大众以知识，让他们能真正地张开双眼，便成了刘文典的新目标。如同传承之火种一样的知识，于社会发展自是不可少的，唯有知识，才不会被世界淘汰，才是促使崛起的真正力量。

古往今来，知识推动人类走向圣堂，带给人类自由。国外有谚语圣训说："学习知识，从摇篮到坟墓。"当一个民族自甘坠落，不求上进，落后无能时，必然是会被另一个民族所代替，这是社会发展之规律，残忍，但很真实。

刘文典真切地意识到了，他又拿起笔，重拾自己早已翻遍的书籍。古烛灯下，一个身影被渐渐拉长……

站在出口的刘文典，看见了那一片光明。

刘文典在革命中飘飘沉沉十余年，从一个懵懂勤奋的少年，成为革命战士，从一个做学问的学生，成为一个引领革命的领导人的秘书，这样的跨越不是一般人能达到的。在这些经历中，他吃过苦头，却从未被打倒，至于这一次，面对革命者的自相残杀，他怕是撑不住了。

刘文典安下心来，不闻窗外事，只与圣贤书作伴。他将自己的满腔热情和心血化作脑中的学问，记载在一部部书籍中，同样，他也将先人之思、先人所想带给人们，希望能改变大众小富即安、互相拆台的现实。

由于扎实的国学基础，以及之前在日本时的潜心苦读，刘文典的静心深思很快得到回报。找到方向的他如鱼得水，在真正属于自己的领域里得心应手，此时的他对革命的推动作用，甚至比之前任何时候都大、都坚实。

文人，始终是文人，他们的情怀是应寄托于沧桑万事、浮沉魅影之中，那里，才是他们纵情之所。究竟身在何种领域才是对的，这点未曾有人能说得透彻。但就算刘文典之后投身于学问之中，他的思想也从未离开过中国的革命战事。他时刻关注着国内外的形势，同时呐喊出自己的声音，这才是作为文人的他投身于革命的最佳方式。

至于刘文典从革命一线退居下来，很多人对此褒贬不一，有人说他害怕了，害怕战死沙场、马革裹尸，也有人说他累了，不愿再卷入无谓的斗争中。无论旁人如何揣测，刘文典还是刘文典，他带着革命精神，无论于哪个领域精耕细作，都将迸射出万丈光芒！

5. 笔洒精妙文

石破天惊，斗破苍穹。太多人喜于安于现状，惰于寻求变更之法。在动荡时期，凡有志向之人，皆为前路惆怅踟蹰，寻得变更之法实属不易，这份来自内心的难安，相称于眼前看到的一切，自是难平。有一种人，即便路途艰难，仍然有信念支撑着，势要前行。

对彼时的刘文典而言，没有什么比远走他乡更让自己有离索之感，虽身为孙中山的秘书，负责起草与革命有关的一切文字工作，可他的内心似乎总缺少了一股激流的注入。可幸的是，陈独秀的"不安分"，带给了他一股重生的力量。这，或许也是他弃武从文的开端吧。

1915 年，《青年杂志》——即后来的《新青年》，这个在中国近代史上的"重磅炸弹"——正式问世，很快获得国人广泛关注。该杂志以"欲与青年诸君商榷将来所以修身治国之道"为旗号，举寰宇浩然之气、行四海正义之举，陈独秀更是在《敬告青年》的结尾中写道："宇宙之事理无穷，科学领土内之膏腴待辟者，正自广阔，青年勉乎哉！"似乎，这一切都在为一个人的"战斗激情"的迸发做着准备。

这个人就是刘文典。

"修身治国之道"，这恰与自己的个人意愿吻合。刘文典看着杂志中一篇篇激励着壮志的文章，不由得心境大喜。他开始意识到，这绝非一本小小的杂志，在那方寸之间，蕴含着巨大的能量。他觉得自己不能错过这个传播新思想、为国民觉悟贡献心力的机会，于是，《青年杂志》中又多了一位戴眼镜的先生的身影。

1915 年 11 月 15 日，《青年杂志》第一卷第三号出炉。刘文典也借此机会正式亮相。他以一篇《近世思想中之科学精神》出现在人们眼前。不俗之人，出手也不会平庸。刘文典第一次亮相的这篇文章是一篇译文，作者为英国知名生物学家赫胥黎。

这篇文章，介绍了自然科学的新进展，刘文典选择此文，自是为了让国人了解"新"、感觉"新"、消化"新"、创造"新"。此篇文章的选用，也正中了陈独秀的下怀，一如他于《敬告青年》中所述："国人而欲脱蒙昧时代，羞为浅化之民，则急起直追，当以科学人权并重"。显然，如此高调地介绍西方科学新思想的文章，在当时并不多见，但在后来的一段时间中，此类文章却频频现于《青年杂志》之中。为此，他特地安排了15个页码的篇幅给了此类文章。

翻译工作并不简单，绝不是只传递出字面意思就可以的，作为不是专门从事科学类工作的人更是如此。刘文典多年所学，在这篇译文中稍有显露。文章中，在介绍天文学的一些基础性知识时，他以散文般的诗意语言概之："天文学在诸科学中予人以无关日用之观念，而又最足使人破除先人所传来之信念者也，使吾人知此状若甚坚之大地，不过为旋转太空无数微尘之一。吾人顶上所谓平和之穹苍者，其实为至精微之物质满布，其诸分子奔腾澎湃，有若怒涛焉。"

此篇译文，真属字字贴切又生动，精妙地传达出原文的精髓，又不乏其本身的意会，当真是佳作！更令人拍案叫绝的是，该文采用中英文对照的形式，一些难解难懂之字，刘文典均加以批注，使读者一目了然，通晓其意，文章也因此得以更广泛地流传。

彼时，刘文典心中的"革命"，似乎只有一个方向：让中国的青年迅速提升自我认知，走出愚昧。而能将西方文化融会贯通的一个前提，即是"师夷长技"，懂得他们的文字。

刘文典自幼接触西方文化，识得英文，无论是在战乱时期，还是留学日本，他都没有荒废，而是继续学习外文，锻炼自己，此般翻译之事于他当是得心应手。

自这篇精妙的文章开始，刘文典文思如泉涌。他思路清晰，频频在《青年杂志》上推出新作，从第一卷第三号开始，直到第六号，几乎期期可见，"刘叔雅"这个名字也开始为世人所知。

他或是创作，或是翻译，总之，无论以哪种形式，他都希望把先进的思想传播给中国的广大青年们，在认识科学的同时，达到自省。

那段时间对刘文典而言，是革命生涯中最值得玩味的。他彻底把自己放逐于抒发政治情怀之中，以诗文寄托报国之思。比起之前与孙中山一同经历的种种，借助《青年杂志》流淌而出的涓涓爱国之情，显然更胜鲜血淋漓之境，是平静而又暖意浓浓的。只是，这时的刘文典并无心思考"革命究竟该以何种方式进行"这一命题，他此时的心思全都在做文章、达己意上。

在《青年杂志》中，刘文典的文章慢慢成为众多青年的必需之物，其文章在杂志中的排位也越来越靠前。想来，能激发人心产生共鸣的事物，才是真正有价值之物。

经历过漂泊动荡，刘文典仿佛找到了自己的所属之地，在这里自由地徜徉。没有战火，没有动荡，没有牺牲，有的只是文字上的交流。在这里他能顺畅地表达自己的新思想，这样的机会难能可贵，在其一生之中也是为数不多的。

随着文章顺利刊发，《青年杂志》带来的影响也越来越广泛，刘文典与陈独秀的友谊也逐渐深厚。在这种不断的巩固中，他们的革命之心走得越来越近，可一走近，刘文典方才如梦初醒：仲甫之心，与吾甚异。

1916 年 9 月，《青年杂志》更名为《新青年》。当时，上海基督青年会的刊物名称为《上海青年杂志》。两本杂志的立意不同，文章差别甚大，为了加以区分，《青年杂志》的同志们通过商议，遂决定更名。

《新青年》之"新"，自然是"新"在思想，以新思想替换愚昧之思，所以那时的陈独秀，一心想着以"新"之名向一切旧思想、旧道德、旧观念、旧文化发起挑战。

"穷则思，思则变"，可变是否会通，则要依靠于思的根基。混乱年代，乱象滋生。陈独秀、孙中山等人，报以救国之心，希望国人革新思想，走上民主之路，这是他们的方式。而当时，还有另一些人也有着拯救苍生之意，不过他们的方式却仍守着封建、循着旧规。

国之混乱，已令黎民惊恐万分，或许正是依托于此，那些本不入流的"道士巫婆"携连篇鬼话，与先进者的科学之举短兵相接。

因为混乱，大多数国民本就摇摆不定，他们的想法并不复杂，只求一夕安稳。于是，借着这样的心态，一批信奉灵魂鬼怪之人便乘势而起。奇怪的是，他们在普通百姓之中大受欢迎。其实也不奇怪，普通之民只求普通生活。在混乱的年代，他们倒是希望真有鬼神，让战乱快些结束，保佑他们过上安稳的生活，愿望虽好，做法却另当别论。

当时刘文典刚归国不久，见这股妖风日甚，便毫不犹豫地站在了陈独秀一边。很快，《新青年》诸多同人，如钱玄同、鲁迅等人，也纷纷加入了"反鬼"的行列。而这，也的确是又一救国救民之举了。

第四章　挥泪别仲甫

1. 闻得仲甫意

乱世必出英武之人，胸怀天下苍生，他们渴望新中国获得重生，渴望拯救黎民于水火之中；他们的志向高远，品格纯良，如淤泥之中独自清廉的莲花；他们代表着一种新时代的希望，他们孕育出那种扎根于土地，而不是高高在上的力量。若说他们是新希望的端倪，可他们未必都完成了自己的使命，只是，这条建立新秩序的必经之路因了他们的铺就，才会显现出一条康庄大道。

跻身《新青年》，拉开了刘文典"以文治世"的序幕。从某种意义上说，陈独秀算得上是拉刘文典参政、拔刘文典从文的独特人物，而他与刘文典之间，亦是有着道不尽、述不清的纠葛。

刘文典曾有幸参与到"拯救陈独秀"的行动之中，虽然这"拯救"无果，可他不曾后悔。他甚至为自己的行为感到自豪。当刘文典日后与蒋介石碰面的时候，这"前朝之事"便成了他的一力凭靠。

谈及刘文典的"革命之事",一定不仅局限于追随孙中山时的绝无二心,他的一生之中,对于革命的参与虽说不是比比皆是,但也绝不仅限于那一两件。在其革命斗争中,与陈独秀的点点滴滴,可以说是他心路历程发展的证据,也是他参与革命的证据。

当刘文典结盟"新青年",与陈独秀为伍后,从一个宏观的角度看来,他的人生因此才显得逐渐丰满、立体起来。这一切,自应从那安徽公学说起。

1903年2月,李光炯来到湖南长沙,开始了他的育教兴国的战略,他创办了安徽旅湘公学,走上了一条区别于他人的革命道路,正是这条道路,改变了刘文典和其他很多热血志士的一生。

是时,陈独秀也加入这个行列中来了,并随后创办了《安徽俗话报》。这份不一样的革命刊物,让更多人了解了当时的局势和一群中国革命者的新思想。刘文典在这新思潮的洗礼下,很快成为其中一员。

1906年,16岁的刘文典进入安徽公学学习。

安徽公学是当时皖江流域声名远播的一所学校,这里,讲课的教师都是因革命的目的聚在了一起,他们每一位都值得一个"师者"的称呼,其中就有陈独秀。刘文典与陈独秀也是在这样的环境下结识的,随即开启了相聚相离的革命友谊。

当时,陈独秀在安徽公学任国文教师一职。这位有个性的师者往往在课上无视繁文缛节,少了教书先生的诸多教条。每日在课堂上,他总是一边授课,一边干些其他事情,或是品茶喝水,或是搔头挠背,台下的学生也是见怪不怪了,全神贯注地听他的"新思想",并不在意他与其他教书先生不一样的"斯文"。

陈独秀也是个"狂人",在那斑驳的时代里,他成了很多人生活中的一剂欢乐药，也因此为人所熟知。刘文典进入安徽公学之后，陈独秀成了他的"启蒙之师"，刘文典的"狂狷"便能找到根源了。

纲常、规矩、师德、礼教，这些之于陈独秀，实在是一文不值的东西。正是因经常接受这样的熏陶，他日的刘文典行为怪僻、性情乖张，常常语出惊人、举动不俗，都与陈独秀密不可分。

这一年，进入安徽公学的刘文典耳濡目染了陈独秀的教学之风，真是大开眼界，对这位表现、学识皆不落俗套的老师更是钦佩有加。

陈独秀长刘文典 10 岁，他接受的封建教育更多、更深，但很难从他身上看到那种老清人似的治学态度。他自懂事之后，就一直看不惯清政府的管理。当时反清运动激烈，他年幼的心灵也被各个反清团体对未来的描绘所征服了，直至清朝被推翻前，他也积极参与到反清运动中，年纪不大，能量却不小。在书院读书时，他甚至因反清言论过激而被书院开除过。

离开书院后，他的反清言论越说越多，后来在清政府的通缉捉拿下，不得已才东渡日本，进入早稻田大学学习。终而，清朝政府最后被推翻的现实，也给他打了一针强心剂。回国后，他积极筹建革命之事，后因"二次革命"失败被捕入狱。出狱后，再次来到日本建立自己的根据地。

与其他革命者徒有报国之心不同，陈独秀在参与革命之时办过很多革命期刊，他以这种更柔和的方式传递出了更强大的力量，为那时的革命觅得了另一个有生途径。

在革命中，陈独秀保持着严肃积极的态度，在治学上也不例外。他的文章，除了玩笑随意之作外，只要涉及古籍和学术方面的，他都报以严谨认真的态度。即使在狱中之时，他也专心治学。

在狱中，陈独秀写了《荀子韵表及考释》《实庵字说》《老子考略》《中国古代语音有复声母说》《古音阴阳入互用例表》《连语类编》《屈宋韵表及考释》《晋吕静韵集目》《戊寅年登石笋山》《干支为字母说》等音韵训诂学的著作。

显然，作为教员，他是十分合适又合格的，但历史需要的陈独秀绝不仅仅是一位教书匠，而他对革命的热忱也没人敢质疑。

在集政治作为与学问之果于一身的陈独秀的影响下，刘文典从他身上习得了"以西方哲学对照中国古籍"的研究方法，以及为革命奉献己力的思想，这为其后来成为知名国学大师和积极的革命者奠定了基础。陈独秀对刘文典这个上进、勤奋的学生刮目相看，留心观察着。

烟云岁月，总让人心生布新之心，刘文典的年纪尚幼，可绝非凡家子弟，其有报国志向，这是他加入革命的初衷。于是，一切皆有缘由。

1905 年时，革命志士吴樾刺杀清廷出洋五大臣落败，身死。这一现实，让开明的陈独秀看到了"暗杀"的弊端，也让他开始思考自己一直以来的革命之事。

陈独秀在革命上，也是有过犹豫的。他不断改进自己的思想，希望能满足民众之需，并找到一条让百姓过上更民主自由而又富足的生活的道路。也正因其沉迷于此，最后走错了方向。

无法根治顽疾，纵使用药千方，亦是无果之举。陈独秀并不知道，解决问题之根本，是一条中庸之道，多一分则臃，少一分则寡，过犹不及。

处于革命氛围下的刘文典，尤其是受陈独秀影响之深的他，逐渐形成了早期的政治思想，而其在追随陈独秀的身影之时，陈独秀也发现了，无论哪方面，这个积极少年都能快速领悟，之后找到适合自己的方式表达出来。

古往今来，越是混乱之中，越能冒出夯鼎之士。陈独秀遍观四周，唯着眼于刘文典，二人惺惺相惜，携手在政治之路缓慢前行着。

思想的进步，必有挥手往昔的举动。刘文典积极剔除思想中的"余孽"，一心受教于新思想，这让他迅速成长为那时革命志士群体里的中坚力量。这既是陈独秀看中他的一个因素，也是刘文典真正认识陈独秀的开始。遗憾的是，彼此的坚持都未能延续到最后。

2. 撰文剔鬼神

鬼神是人类面对未知和恐惧自我制造出来的。与浩瀚宇宙相比，人类创造的文明太过肤浅、短暂，面对迷惑、恐惧和自己不能解释之事，人类就会处于自我保护意识之中，穿凿出"鬼神"。

对于"鬼神"，有些人敬而远之，有些人不闻不问，有些人则沉迷于这些虚幻之中，对其笃信不疑。旧时代的人们，思想中住着太多"鬼神"。

1917 年 1 月 15 日，陈独秀任职于北大文科学长，这让他更有能力集聚正义之能与封建迷信针锋相对，抗衡到底。是时，刘文典、胡适、刘半农等人也陆续进入北大，在校内执教。随即，这群革命积极分子，同时也是中国当时最有名的文人，便开始了一项直至今日都可称为伟大的、充满意义的运动——以新思想救民。

翌年 5 月 15 日，一篇出自陈独秀之手的短文——《有鬼论质疑》，算是正式拉开了新思想与封建思想一较高下的序幕。在当时，鼓吹只有神仙鬼怪之神力方能救万民于水火之中之说法，被称为"灵学妖雾"，甚至有人还特地为此成立了"灵学会"。

当陈独秀首先发现并指出这一现象后，便引起了社会各界人士的广泛关注，争论之声也由此兴起，"灵学会"在种种质疑声之中，迅速地做出了反应。

当时，一个名叫"易已玄"的灵学会会员在看了陈独秀的短文后，大为气愤，马上以一篇名为《答陈独秀先生〈有鬼论质疑〉》的文章对其短文加以反驳。他提出的观点是：人之所以能见鬼神，或能听到鬼神的声音，是因为富有一种灵力——"若鬼，富有灵力之人易见，否则不易见，此盖有难见易见之别"。

了解现代科学的今人，自然能很快否定这些观点，但在当时，愚昧无知的百姓和学者大有人在，他们看过这篇文章后，纷纷表现出了可悲的认同感，且其中一些人逐渐成为封建迷信的坚定信仰者，不论文化程度和人格素养高低，这可能是源自于他们的信仰危机和自我认识的匮乏。

由此推及后世大众，亦是有对此深信不疑者，这般来看，是否在面对信仰自由的问题上，他们太过自由、随意，而缺失了一种像刘文典那样的信仰——坚定的信任道义和做人的道德原则？

及时作出反应的灵学会成员的见解，实在是荒谬之论，可他自己却十分相信，逢人便说，且说得津津有味，足见其被封建思想毒害之深。

《新青年》的阵营毫不示弱，这些既是战士又是书生的文人自不能就此偃旗息鼓。刘文典作为陈独秀的"大弟子"，对此自然又开启了"狂暴模式"，此等愚众自是令他气愤难忍。他在接受陈独秀的嘱托后，马上操起笔杆子，予以最强烈的回击！

《新青年》自成立以来，已成为广大文人的发声渠道，他们在这个平台上尽表自己的爱国之志，用笔纸书写着自己在这个动荡年代的一切感受。除了刘文典，各有识之士也在《新青年》上一抒胸臆，一时间，百花齐放，对于鬼神的议论极为热烈。

刘文典对于怪力乱神的剖析，深刻而字字真挚，是为正知正见，这也是他日后能成一代国学大师的根本。在当时的讨论中，他与其他人的不同之处在于，诸多"反鬼论者"仅纠结于"灵学"或"有鬼论"的本身，而他却将眼光聚焦在如何去扭转国人对科学的愚昧、无知，以及如何改善他们对未来的迷茫上。显然，这更有意义，更可治本。

对此，后世中曾有学者如此评价刘文典："当年追随陈独秀参加批判'灵学'的，还有刘叔雅、陈大齐、王星拱、钱玄同、刘半农、鲁迅和易白沙等人。但是，除了刘叔雅之外，其他人对于'灵学'的批判，或指出'灵学'没有科学依据，或通过对'灵学'活动的破绽作审查而加以否定，或以先秦诸子的朴素的无鬼论来批判'灵学'的'有鬼论'，因而远没有像陈独秀那样把对'灵学'的批判上升到严格的哲学层次。"

一个"除了刘叔雅之外"，足见刘文典在当时"文人战士"中的出众，这是一种特别，一种在眼界上、在心理成熟度上、在思考问题的方式上的突出。

刘文典对"有鬼论"的存在，抱有忧虑之心，甚至是心痛之意，他不忍见国人如此盲目地陷入"反科学"的旋涡。换句话说，"有鬼论"也在某个层面上折射出刘文典当时的思想轮廓。

在反驳文章中，刘文典痛心疾首地写下这样的文字："害之所极，足以阻科学之进步，堕民族之精神。此士君子所不可忽视，谋国者所当深省也。"他更是引用了韩非子的话来证明这个观点，"用时日事鬼神，信卜筮，而好祭祀者，可亡也"。可眼下妖雾弥漫，乱象丛生，国人再不清醒，真的是"亡其无日矣"，实在令人焦急、痛心！

心忧国民的刘文典，以其殷切的文字，希冀唤醒蒙昧之态。从这一层面来讲，他能成为国人典范，真当之无愧。世人对刘文典的评价一直是"狂傲""骄纵"，大部分人的目光都聚集于此，但那些稗官野史，却掩盖了他实实在在写出来的文字，无论是那一本本潜心专研、参读古籍的著作，还是一篇篇针砭时弊的文章，都是其心其思的具象体现，也才是真实的刘文典的形象。

"灵学妖雾"自有其弥漫的土壤，能否消散的关键也不在于开明者们的三五篇文章，只是，在积极除旧布新的道路上，是需要文人们的前赴后继的。更关键的还在于，在选用方法上，力求做到一针见血，就如刘文典一样，不应"就事论事"，而是找到"灵学"的痛点。从这一方面来看，他在当时的确立下大功。

3. 仲甫渐远行

中国革命在蜿蜒曲折的道路上前行，当时，未来的情况并不明朗，革命人苦寻良方，渴望改变当世之境。在此过程中，很多优秀的革命者误入歧途，他们本一心救国，可在总结国外的改革理论时，并未能充分考虑到中国的当情当景，过分地演绎改革理论并不适合改良中国。遗憾的是，很大一部分革命者没有意识到这个严重的问题。

道不同不相为谋，那个年代，很多原本拥有深厚革命友谊的同志都分道扬镳，离开彼此，去寻找符合自己，符合中国革命的道路。

深埋于内心的某种情绪，多会在眼下一个适当之机得到释放，在不经意的触碰之间，这份情绪便会借由某个载体慢慢糅合于骨子里，成为身体的一部分。对刘文典来说，当自由的思想有了喷薄之口，他就再也抑制不住内心的那份情绪了，他任由它肆意流窜于身体的各个角落。而他这份"放任"自己情绪游走的态度，也让他与陈独秀的友谊渐行渐远，消失在一轮又一轮、难有完满结局的政治斡旋之中。

当时，作为北大文科学长的陈独秀，越发在新思想的传递和接受上"变本加厉"。这也难怪，或许换成任何人，当眼下取得的成绩得到社会性的公认，其也会继续循着这条路走下去，以获取更多的民众认可。这是人之本性，很难变更，但这却不是事物的本性，事物的发展要遵循规律，是在变化中前进的，绝非一成不变。

刘文典，便是个愿意"变更"的人。

自 1919 年 2 月，刘文典在《新青年》杂志刊发《灵异论》这一译文后，这份与"主义"靠拢得越来越近的杂志，突然让他看不清楚了。他眼前的《新青年》似乎变得陌生起来，早已失去了最初的味道。他本人更倾向于成为潜心研究学术的学者，而非做"政治明星"，这一点恰恰与陈独秀截然不同。此后，刘文典再未于《新青年》上发表过文章。

陈独秀宛若"天生"的政治家，面对现有局势，他迅速改弦易辙，接受更新的思想、更先进的主义，逐渐地，他一步步走上了"左倾"之路。

是年 3 月 26 日晚，蔡元培、马寅初等人齐聚一堂，抛出了这样一个话题：让陈独秀体面地下台。面对陈独秀原来的革命功绩，再看看他现在的状态，他们展开讨论，是留是走，终要有个答案。

陈独秀，一个有志气的中国革命青年，虽不能逃脱当时的局势，正确引领社会变革，但作为读书人，他的尊严不容玷污！

陈独秀并不是死缠烂打之人，在获悉这一消息之后，毫不拖泥带水，也不去争论始末，他即作出决定——不再任北大文科学长之职，更拒绝了蔡元培邀其去史学系教授"宋史"的提议。

4月8日，陈独秀被正式免职。或许，这也正应了那时"忙得不可开交"的他的心思。此后他便不再去北大上班，而是把更多的精力放在了《新青年》和《每周评论》上。

《每周评论》，同为陈独秀在北大时所办的革命杂志，它与《新青年》同时成为五四运动时期最重要的期刊杂志。陈独秀之所以办这本杂志，是因胡适不想《新青年》过度地被政治"污染"，故此他"另起小灶"，办了这份"专门发表政见、批评时事和策动政治改革"的小报。热衷于政治的陈独秀，此举其实已为自己后来的颠簸之路埋下了伏笔。

4月20日，醉心于政治的陈独秀似乎变得更加"疯狂"，他在《每周评论》上刊发了一篇名为《二十世纪俄罗斯的革命》的文章，显然，此时的他希望中国也走上一条"快速、高效、收成好"的革命之路。他这种为"布尔什维克革命"拍手的举动，惹来众多国内革命志士的不满，刘文典便是其中之一。

从中国当时的现状来看，走上这条"左倾"之路是十分严重的错误，可作为中国先进人士的思想领袖，陈独秀却并未察觉，反而大为激励——"十八世纪法兰西的政治革命，二十世纪俄罗斯的社会革命，当时的人都对着他们极口痛骂；但是后来的历史家，都要把他们当作人类社会变动和进化的大关键"。他还在幻想着能够引领中国革命，改变中国现有的国情，但这一切也只存在于他的幻想中了。

循着这条"不归路"，陈独秀慢慢摸索着前行。

这时，"五四运动"的枪声已经将要打响了，学生运动的风潮也越来越近，整个中国都未曾料到，这一运动才是中国革命的分水岭。

不过，这个悄然来到的讯息并没有打扰到刘文典的生活。与书为伴，无心政事，是刘文典当时的状态。于是，当学生被抓时，他并不知情，还是北大化学系教授——同时也是他的安徽老乡王星拱来报信，他才急忙收拾了一下闲散的心情，紧张又急切地开始了解所有情况。

1919 年 5 月 4 日，"五四运动"爆发了。这场由青年学生充当主力军的运动，也等同于中国向世界宣扬着自己尚未爆发的力量，让世界看到了中国隐藏着的力量凝聚的一面。

面对五四运动的爆发，陈独秀自然一马当先，在那条激进的道路上添柴加薪。

在五四运动中，陈独秀与学生的关系更近了，他积极地联系各大院校的学生领袖，告诉他们中国的革命形势和未来，推动着运动的进一步发展。

从五四运动爆发的那日起到 6 月上旬，《每周评论》用了全部版面报道了五四运动的进展。对于 5 月 4 日学生们游行时爆发出来的爱国热情和悲愤情绪，《每周评论》不仅做了追踪且详细的报道，还加以深刻的评论。

《每周评论》全文刊登《北京学界全体宣言》，还连续出版了第 21 号（5 月 11 日）、22 号（18 日）、23 号（26 日）三期特刊。

5 月 4 日至 6 月 8 日，短短 1 个月的时间内，陈独秀借由五四运动的高涨在《每周评论》上抒达已意，他在上面一共发表了7篇论文，33篇随感录，他热情饱满、全神贯注地投入对当下政治环境的分析之中，他鼓舞着广大青年，将五四运动推向了更加激烈的形势中。

陈独秀如此推波助澜，的确让他的政治生涯越发光鲜起来，他也当真逐步成为那时中国人心中的最高领袖。对此，刘文典不置可否，虽肯定学生们的行为，却还是希望"息事宁人"，和平解决问题。

当时的刘文典已下定决心，要逃离政坛旋涡，走自己该走之路。因此，当陈独秀的政治事业如火如荼地进行，正值如日中天之际，他却未曾如当初追随孙中山一样，选择誓死效忠，而是躲开了这劳心之地，畅游于古典学、文选、校勘学之中，自得其乐。

几个月后，"五四运动"风波渐息，只一些善后之事亟待处理，可这些早已与刘文典无关。不过，自他与陈独秀结缘，就注定贴边政治的他再无宁日。陈独秀可谓是站在刘文典之前的一个身影，当他刚刚接触新文学、新思想之时，就是陈独秀带他走进了这个大门。

那时的刘文典看着前方的陈独秀，壮怀激烈，可至此时他才发现，自己与陈独秀的理论并不完全相同，他们在同行过一段时间后，刘文典犹豫了，他想离开这条道路，另辟蹊径。

也许，刘文典还怀念着曾经与陈独秀并肩作战的日子，但不同的志向使他不得不离开，看着过去的伙伴，也只能在这个路口道一声"珍重"。

4. 奔告解围斗

陈独秀一生中曾 4 次入狱，但每次入狱都会遇贵人相助。4 次牢狱之灾，也让他结识了更多同道中人，有每次都伸手搭救的胡适，也有尽心尽力帮忙的刘文典。尽管刘文典日后与之革命思想有所差异，但当这位启蒙之师遇到困难，身陷囹圄之时，刘文典还是毫不犹豫地奔走求情，为他找寻出路。

1919 年 6 月 3 日，正值"五四运动"时期，北洋军阀的军警在街头逮捕了在街上演说的积极青年 70 余人，这其中大部分是北大的学生。次日，又有 700 多名学生被逮捕。当时，由于监狱数量不足，这些进步青年全被关押在北大校园内，这所著名的院校顿时成了青年学生的"看守所"。

在北大任教的陈独秀见此情景，心急如焚，他很快在最近一期的《每周评论》上发表了一篇名为《研究室与监狱》的文章，控诉了政府此等卑劣行径。他在文章中写道："我们青年要立志'出了研究室就入监狱，出了监狱就入研究室'，这才是人生最高尚优美的生活。从这两处发生的文明，才是真文明，才是有生命有价值的文明。"这篇文章不足百字，却影响深远。

陈独秀是个很特别的人，学问上严谨，革命上醉心。他领导的"五四运动"，区别于其他革命运动。这次运动不再像以前一样蜿蜒曲折，而是采取直接行动的革命方式和倡导牺牲的精神完成的。所谓"直接行动就是人民对于社会国家的黑暗，由人民直接行动，加以制裁。"

6 月 9 日，陈独秀发表了《北京市民宣言》，并四处发放；6 月 11 日，他在发放传单时被捕，当晚，他的家也被查抄了。

　　陈独秀被捕，社会各界人士都心如火焚。李大钊马上把消息四处散布，很快，全中国都得知了陈独秀被捕的消息，由此产生的强大舆论使得政府方面有了顾忌，不敢胡作非为。

　　显然，李大钊的做法有了效果。舆论纷纷指向此事，"人心浮动之时，政府苟有悔祸之诚心，不应对国内最负盛名之新派学者，加以摧残，而惹起不幸之纠葛也"。

　　陈独秀被捕事件，引得各方舆论此起彼伏，除了各大报纸的时事点评，一众学者战士也纷纷发表意见，刘文典自在其中。

　　当时有消息称，北洋政府想让陈独秀上法庭，但各界坚决反对。

　　事情至此，作为"政治明星"的陈独秀若真由法庭去判，免不了一些暗地诋毁者借机发难，落井下石，如此，后果将不堪设想。考虑到事态的严重性，刘文典急忙联络各方人士。

　　他找到安徽旅京同乡负责人，希望他们无论采取何种方式，务必营救出狱中的陈独秀。刘文典本人更念及往日深情，毫不避嫌地在北京学界举行的营救签名活动上挥毫。

　　值得欣慰的是，刘文典的做法起了一些效果。在当局不敢妄动及各方压力之下，加之刘文典的努力，1919 年 9 月 17 日下午 4 时，陈独秀终于在入狱 3 个月后出狱了。

　　李大钊在庆祝陈独秀出狱的那首《欢迎独秀出狱》的诗中写道："你今出狱了，我们很欢喜/……什么监狱什么死，都不能屈服了你/你今出狱了，我们很欢喜/有许多的好青年，已经实行了你那句言语/'出了研究室便入监狱，出了监狱便入研究室。'"

　　此番营救行动，刘文典居功至伟。只是，他的营救之心，仅出于对落难友人的援手之意，启蒙之恩，并无借此重续过往政治渊源的意思。

作别政坛的刘文典，一心扑在了对学问的研修上，渐别虚无。

人世浮妄，有些人总能看清自己的前路，因为他们认识到什么样的路才适合自己走；而另一些人，多会被眼前暂时的浮华所蒙蔽，辨不清方向，寻不见出路，终而会倒在迷茫的探索之中。

探寻出路，为迎来新世界死而后已，是为革命者。然而，达成此种目的，却只能走革命这唯一的路？

对陈独秀这样的"铁杆儿"革命者来说，世界的新路子总是在革命中才可实现的。不过，对刘文典这样拥有自由之身的人而言，革命，似乎并非唯一的掘新之举。他的思想里，根植了关于"人生"，关于"主义"，关于"道义"的东西。

彼时，被保释出狱的陈独秀亦忧亦喜。忧的是，出狱后的他依然被警察时刻监视，没有更大的自由。可喜的是，因了"五四运动"被捕一事，他已名声在外，被一众国人所敬仰，当真是人们眼中的崇高领袖，他可以更加畅意地行革命之事，臂一呼，千人应。

不安分的人，始终会想尽办法去落实心中的想法。陈独秀便是如此，他很快便与《新青年》的一干同人秘密策划，远离北平。

为了一举成功，一行人经过周密安排。1919 年底的一天，陈独秀悄悄离开居所，先到了胡适的家，再转至李大钊家。这几乎是一条完美的计划，不会出错的路线。其后，他在李大钊的护送下，由天津登上开往上海的轮船。那时的陈独秀，脑子里似乎只有一个想法：保存自己，保存革命的力量！

其时，在陈独秀"躲人耳目"的时间段里，刘文典的家也成了他的"驿站"。而在那段直面相对的日子里，刘文典似乎把这个原来当作灯塔的人看得更通透了。

当国人的景仰日甚之时，陈独秀也开始将其政治思想调整了方向：他逐渐蜕变成一个职业革命家，越发坚定地为"马克思主义"的落地奔走。事实上，他的坚持没错，只是他的方式却有"急功近利"之嫌。

思想带动行为，行为巩固思想。陈独秀个人思想的"倾斜"，致使《新青年》慢慢失去了原来的味道。自1920年9月1日第八卷第一号开始，该刊物俨然成为宣扬中国共产党理论的"先行军"，切切实实"沦为"政治工具。

对陈独秀来说，能够带领中国劳苦大众寻找到一条光明的出路，远比他个人获得多大荣誉重要得多，这也是他最初便积极在《每周评论》上宣扬"布尔什维克"以及以鼓舞、激励之言助推"五四运动"持续进行的缘由。只是，他所采用的方式有些脱离实际，毕竟按照中国当时的国情，迅速走上那条他所期待之路，是根本不现实的。

当作为革命志士展露开明思想的《新青年》，也逐步被套上政治枷锁时，原本旨在以此接触更开明世界的同人们，便开始思考起自己的路了。这其中包括刘文典，还有胡适等人。胡适说，"陈独秀便与我们北大同人分道扬镳了"。

曾经的革命挚友，彼时却各走各路。人生取向的不同，自决定了彼此所选方向的差异。刘文典喜文，自加入同盟会，开始与革命结下不解之缘，也绝非有意成为"一介武夫"。他希冀以开明之思想，救国人之愚昧。自始自终，在他的内心世界里，"政治"都是自己没办法触碰的，或者说，他也根本不想涉入太深。

有一个猜测不得不提。当"二次革命"失败后——或失败期间，或就整个事件本身而论，在刘文典心里的当时的革命者，对于"革命"二字本身自带有"与生俱来"的软弱性。关于这一点，无从考证，只能以刘文典他日的成就，揣测其大抵有这般思维。

5. 战场"的卢"飞

中国革命的成功，在于从历史中吸取教训，在经历中总结经验。从清朝末年的颓败状态中一步步前进，走过面对内敌外患的一片散沙，走过军阀的互相厮杀，走过政治斗争的难解难分，但终究结果还是好的。在曲折中前进的革命党人，终而找到了自己的方向。

1921年，中国共产党的成立，标志着中国革命者从形态到意识上的提升，自此开始，中国革命者不再是无头绪和迷茫的状态，他们找到自己的位置，并在其中迅速壮大着自己，为中国革命的未来奠定基石。

平心而论，中国共产党成立这一伟大壮举，当真是陈独秀一生之卓越功勋，没有他，中国革命混乱的状态将会持续一段相当长的时间。

时势造英雄，陈独秀是那个时代的英雄。只是，他始终困惑在自身的阶级、时代局限性里，少了一份开拓的眼光。

当"大革命"失败之后，他被指责犯了严重的"右倾投降主义"的错误，继而离开了中共中央的最高领导席位。后来，更因种种，他被迫离开了中国共产党这个他自己一手创立的机构。至此，他的政治生涯陷入沉迷的低谷。

是时，刘文典早已离开政治旋涡，坐上观鱼台，看着革命种种，心中焦急却不得法，也不愿再卷入巨涛波浪之中，他只是有些痛心。看着自己曾经的老师和战友陈独秀，他更是感慨万千。

对于陈独秀的右倾错误，刘文典是早就有所察觉的。早在二人共同为革命抛洒热血之时，他就意识到了革命之中可能存在的一些偏差。

后二人的革命友谊逐渐升温，刘文典更透彻地看到了彼此对于革命的不同领悟，这也就到了他们该分别的时刻了。

晚年的陈独秀，已褪去了头上"政治明星"的光环，惨淡地经营着自己的余生。只是，无论何样的错误都不能掩盖他曾经的光环，以及他为中国革命作出的巨大贡献，对此，刘文典自然知晓。

在谈及那段历史时，谁也不能否认陈独秀在某种程度上，指引并领航了"中国路"的出现，为更多后来人探求出了一条光明之途。仅凭这一点，他就应该是中国历史上一个不朽的人物。

知名学者王会元在英国某大学历史系演讲时曾提到过陈独秀，他说："先进国从启蒙运动的年代到社会主义革命的年代一般要经过几百年（如英法），不够先进的国家（如俄国）也经过了八九十年，但是在落后的中国却仅是二十年，而且是反映在、甚至实现在一个人的身上。"又说，"现代中国思想的跃进清晰地反映在陈独秀的身上。"

这是一个很高的评价，言外之意，没有陈独秀积极革命的做法，就不会有中国革命早期的正确方向，更不会有后来中国革命取得的胜利。

王会元这样评价陈独秀："陈独秀一身结合了别林斯基、车尔尼雪夫斯基、普列汉诺夫和列宁。"也就是说，陈独秀一身既有文学家的热情豪迈，又有革命者的沉稳机智，他的投入使得中国革命的进程取得了快速发展，在这一点上，陈独秀功不可没。

王会元又说，"给陈独秀做一个总的评价。照我看来，陈独秀这个人，虽然政治上是失败的，理论上有局限，但是他不仅是现代中国最勇敢的思想家，而且是历史上伟大的革命家之一。"

陈独秀对于中国革命还有一个很重要的作用——引领。刘文典等一代革命者正是在陈独秀的带领下，才渐渐加入革命，成为革命中的一支中坚力量。如若没有陈独秀早期的正确指引，中国的革命形势可能还不会那么乐观。虽然其不能在自己的革命道路上继续走下去，且偏离了原本的革命方向，好在他引领下的革命者并没有犯同样的错误。

很多革命者在陈独秀"有鬼论"问世后感到迷茫，思考之下决定离开，寻找自己的革命方式。几经周转，他们或是投身于一场场实实在在的革命之中，不怕流血牺牲，只为红旗飘扬；或是弃戎执笔，用思想教育大众，打垮愚昧无知的坚硬壁垒。

陈独秀下台后，他的政治世界昏暗了，刘文典的治学人生却越发光明起来。这无关陈独秀所走之路的对错，只是刘文典找对了适合自己的门路罢了。

从陈独秀身上，刘文典所承蒙的恩惠自不必说，是陈独秀为他打开了一扇通往远方的大门，那大门的后面便是民主、自由。

刘文典和陈独秀分别踏上各自的道路之后，前者的文章或言论中，再也未出现过"陈独秀"的影子。或许是刘文典对政治产生了码头苦力一天劳作后般的疲惫感，他不愿再参与任何政治上的较量，而是更想将自己的目光放诸于民众身上。此时的刘文典，已决定与往日"划清界限"，安心一隅。

1942 年，陈独秀病逝于四川江津。闻此消息，刘文典不胜感慨："仲甫是个好人，为人忠厚，非常有学问，但他搞不了政治——书读得太多了！"一句简短的评价，涵盖了陈独秀坎坷而绚烂的一生。这也是刘文典最后一次提到陈独秀，此后的他在任何公开场合，都三缄其口。

第五章 声名鹊起时

1. 适之雪中炭

《道德经》中说："贵以贱为本，高以下为基。"人间万事，都有其存在之基础。高者，低者衬之；庸者，智者比之。人们所能看到的光耀背后，都有看不见的辛勤与血泪。没有人可以平步登天，一步成功。古人有云：古之立大事者，不惟有超世之才，亦必有坚韧不拔之志哉。欲先取之，必先予之，只有在披荆斩棘过后，才得见阳光与彩虹。

刘文典为一代"狂士"，他的"狂"，亦是有其根基。

狂狷之人，若胸中无半点笔墨丘壑，那无疑是无谓的狷狂，也必定不能留名史册。而若有株株成竹在胸，结果就会大不一样了，即便狂妄，但还是因为种种而被世人所接受，所喜爱，全然不会因为他的狂妄心生厌恶，反而更加爱之，这就是"无能之妄"与"有能之狂"的差别了。刘文典自然当属后者，他的狂，被厚重的根基所陪衬着、滋养着，也使得那些不怎么合规矩的做法让人可以接受了。

刘文典师承章太炎，与他学习《庄子》、《说文解字》，这等同于慢慢于学术上积蓄内在的能量。每次刘文典自报家门之时，都会报出自己师从太炎，足见他对这位老师的重视，这也是对章太炎学识的尊敬。这之后的刘文典，又与性情不羁的陈独秀交好日久，在他身边学习改革创新之能事和西洋文化，这种经历，使他有了和别人不一样的色彩。

当挥别了陈独秀，与政治做了个"了断"之后，刘文典这一狂士独舞的时代也开始了。不过，彼时的他，尚且无法傲世四方，因其学识虽然不俗，可远不到游刃有余地"出口张狂"的地步。他还需要积蓄能量，而就在这时，另一个为他带来新鲜血液的人出现了，这个人就是胡适。胡适的出现，当算是刘文典一生中最难得的际遇。

胡适与刘文典同龄，两人还有共同在海外留学的经历。胡适于 1916 年年底，应陈独秀之邀进入北大任教。当时的北大卧虎藏龙，胡适一进入北大文科，每月便拿着 260 银元，这在当时的同龄人中算是首屈一指了，很少有与他同级的教员能拿到此等价钱，他甚至跟鲁迅同等待遇。刘文典顿时心生敬仰之情。当时，胡适在北大教授"中国哲学史"和"英国文学"等课程。

刘文典从认识胡适开始，就很敬佩他，不单单因其留学归来，有不一般的见解，更在于他提出的新想法，挽救民众的新方法——他时刻想着"再造文明"。

当时，因新思想的不断萌发，各类思想百花齐放，北大为了鼓励学生们兼容并包的学术思想，特别在校内成立了"新潮社"，旨在"介绍西洋近代思潮，批评中国现代学术上、社会上各问题"。这样的组织，让学生能更加大胆地发声，区别于其他敢思不敢言的院校。

与之相对应的旧派人物，也马上予以回应，成立了"国故月刊社"，他们旨在"以昌明中国固有之学术为宗旨"。其实，两个社虽然宗旨有异，可殊途同归，他们的成立都是想找到好方法改变中国现状，保留并剖析古典文学。

而刘文典对待"整理国故"的问题，更倾向于胡适的观点，既不抛弃旧有思想，也不一味沉迷于新思之中，要辩证地对待问题，"以科学的精神予以整理"。

从形式上说，两者还是差别甚大的。胡适认为，"新思潮对于旧有文化的态度，在消极的一方面是反对盲从，是反对调和；在积极的一方面，是用科学方法来做整理的工夫。新思潮的唯一目的是什么呢？是再造文明"。这一段话，更是让刘文典醍醐灌顶，也奠定了他此生对胡适的敬仰之情。

1922 年 3 月 21 日，《国学季刊》编辑部于北大校园内成立，胡适担任主编，刘文典亦接受胡适的邀请，参与到编辑的工作当中。

是时，胡适以一篇《发刊宣言》，拉开了"整理国故"的序幕。他在宣言中写道："我们平心静气地观察这三百年的古学发达史，再观察眼前国内和国外的学者研究中国学术的现状，我们不但不抱悲观，并且还抱无穷的乐观。我们深信，国学的将来，定能远胜国学的过去；过去的成绩虽然未可厚非，但将来的成绩一定还要更好无数倍。"

刘文典读完《发刊宣言》，久久不能平静，对胡适的敬仰更增一层，盛赞道："都说胡适之学识渊博、视野宽广，果不其然！"

其后，刘文典更是发现，胡适的某些观点与自己颇为相近，这般思想上的志趣相投，让他把胡适引为知己。也正因胡适关于

"整理国故"的新思考，让刘文典将"古籍校勘"定为自己的治学方向。

因了胡适，刘文典有了整理国故资料的机会，其后的名声大噪也正因为此。可以说，胡适是刘文典的贵人，没有胡适，就没有后来的刘文典。

退一步想，也许没有胡适，刘文典还是能有他日的国学造诣，但若真少了胡适对他的启发，他还不知何日能有如此多关于古文典籍的研究性著作面世，那么世间就又少了一个"痴狂"大师了。这可能也是刘文典倾心胡适，与其成为一生挚友的另一个重要原因。

胡适，字适之，提倡白话文和新诗的第一人，推翻了中国两千多年的文言文体制之人，对中国近代史产生了深远影响之人，无论在学识上，还是在革命思想之上，他都堪称当时的第一人。

与胡适的交流，是刘文典生命中最正确、最明智的举动。胡适也没有因自己这位朋友的"狂傲"而疏远于他，反而倾心相交。在刘文典困苦之时，他第一个伸出了援助之手，他在某一方面，对于造就"国学大师刘文典"功不可没。胡适的人品人格，由此可见一斑。而刘文典的真性情也让胡适侧目，两人之间的友谊也长达几十年。

胡适对刘文典的提携，宛若雪中之炭一般，让其迷茫、寒凉的前途有了温度，这样的现实，也促使刘文典扎根于治学之上，并慢慢做出了成绩。

此外，另一个促使刘文典选定古籍校勘的因素，是他想尽快在北大新旧两派人物面前站稳脚跟。刚刚来到北大的他，并没有得到之前想象的那些风光，他只是个初来乍到的教员，一切都要从零开始。

　　辜鸿铭是当时北大的老牌教授，他对刘文典这种年纪轻轻、资历尚浅的年轻教员有些看不惯，认为他们还需多游走几年，方才能值得"教授"的称呼。因此，每次他看见年纪轻轻的刘文典都要奚落一番。不巧的是，辜鸿铭其人之性格亦是棱角分明，且学识不俗，两块硬石头就这样碰在了一起。

　　有一次，辜鸿铭在路上遇到了刘文典，随口便问："你教什么课啊？"刘文典一看是老先生，便少有地恭敬回答道："汉魏六朝文学。"辜鸿铭不乐意了，说："这样的课我都教不了，你能教好？"刘文典一听，狂傲不服的劲儿上来了，没有明说，在心里却立下了誓言，一定要做出个模样给世人瞧瞧。他相信，自己有一天终会让辜鸿铭刮目相看的。

　　"北大怪杰"辜鸿铭对他的嘲弄，则更加剧了他"出名"之心。因此在看到机会之时，刘文典迫切地想要用力抓住。

　　辜鸿铭确实是位值得敬佩的老者，他不认人，只认学，不管你是谁，只认识你的学问，即便是三岁小儿，如果有独特的见解，相信他也会拱手对其行礼。

　　果然，刘文典在国故典籍系列之上名声大震后，他收获了他想要的。那之后，辜鸿铭再也没有刁难过刘文典，每次见到，都客气地打起了招呼。在当时的北大教授之中，辜鸿铭与刘文典算得上是唯一一对齐名的"狂傲之士"。

　　刘文典曾在写给胡适的信中，表达过自己在北大的种种愤懑情愫。尔时，他本人也知晓，若想人前显贵，背后必须苦下功夫。当时，他每月拿着200银元的工资，虽说不少，可一想到同进或晚进北大的同事皆有超过自己的，心里的不平衡感便更让他决心奋发。也正是这份藏于心中的不平，才成就了后来的刘文典。

2. 仰止淮南情

《淮南子》，又名《淮南鸿烈》或《刘安子》，这是一本西汉初年由淮南王刘安召集众多门客所著的一本文集，这本书表面上为了找寻求仙问道的方法而作，实际上是在讽刺当时的政治背景。

当时，正是汉景帝与汉武帝交迭之际，政治集团的重新分配，引发了诸多矛盾，其明争暗斗更是愈来愈甚。故此，这部书的政治意味也可见一斑了。

直至今日，研究《淮南子》的著作里，有几本值得一提：清代王念孙所著的《读书杂志》中《淮南子》部分、俞樾所著的《诸子平议》、刘家立所著的《淮南子集证》、吴承仕所著的《淮南子旧注校理》和杨树达所著的《淮南子证闻》，当然、还有刘文典所著的《淮南鸿烈集解》。

1949 年新中国成立之后，学者们也未停歇对《淮南子》的研究，如张双棣所著的《淮南子校释》、何宁所著的《淮南子集释》和陈广忠所著的《淮南子斠诠》，都在学术上取得了一定的成就。

刘文典潜心研究的《淮南子》（后改名为《淮南鸿烈集解》，下称此名），可谓开启了他治学人生的崭新时代，这部作品也是他所攀上的第一个高峰。换言之，《淮南鸿烈集解》是刘文典为广大学者所熟知的敲门砖，也是他成为狂人的第一佐证。

古籍，是今人了解古人的一种有效方式，当我们翻看古籍之时，几千年的历史实在晦涩难懂，但作为中国历史上的宝贵财富，这些书籍又是不能丢弃的。因此，就涌现出了一大批研究古文之人，他们通过自己扎实的文学基础，在可靠的史料辅佐下解读着古人，将他们的思想再一次更显直白地呈现在世人面前，使得这几千年前的文化再次焕发出活力。

刘文典自幼习读古文，在这方面的功力自然不差。同时爱好古籍的他，对一些古书的涉读没有一千也有八百了，一点一滴的积累，都是成就刘文典在国学校勘领域的绝对动力。有了前期的积累，夯实的基本功，最重要的是治学的精神和严谨的校勘思维。

想出名，就得有硬功夫。那时，刘文典有些茫然，不知要选择何种方向。经过一番深思熟虑，他把古籍校勘工作的重点放在了那些大众视野中的古籍上，几经筛选，最后把目光投向比较难搞的《淮南子》上。

《淮南子》之所以难，其一，在于写作年限太过久远，很多地方无从考证，而且当时的语言环境与现在相距甚远；其二，《淮南子》是在两朝交替之时所作，政治上明争暗斗，防不胜防，这也是《淮南子》的由来，在这种背景下诞生的书，其中隐晦必然众多，非有很深治学功底之人很难把握；其三，当时已有很多对于《淮南子》的校勘，其中不乏大家之作，能写之事已尽，未写之事校勘工作又难以下手。显然，这就是一块难啃的骨头，如若做好，必会大放异彩，如若不成，反受其累。

这些虽是阻力，但刘文典似乎并不畏惧，他第一次出手便直接挑最硬的骨头啃，可见当时的他所承担的压力之大，而其信心之满也是可见的。

刘文典此时刚在学术界小有名气，有名却没有太多著作为其做垫，这样一来，不免遭人口舌。刘文典岂是能容此等事情之人？但他明白，再多的口舌之争也不如拿作品说话，他暗自较劲，心底的能量正蠢蠢欲动着。

　　是时，刘文典与胡适已很要好。他有了攻克《淮南子》的想法后，便告诉了胡适，胡适听后大为赞赏，认为又将有一部佳作问世。为了鼓励、也为了刺激，胡适在各界为刘文典"打点"，还逢人便说起刘文典正要干的"大事"，所以在这本著作问世之前，就有很多人十分期待了。

　　胡适很支持刘文典，更是将他的《淮南子》列为北大"国故丛书"第一种，同时向刘文典承诺为其新书作序。得到胡适如此鼎力相助，刘文典自然是信心十足的。其时，胡适对刘文典的这种"提携"，为其随后一骑绝尘奠定了基础。

　　胡适这个人很爱才，对于同道中人更是倾心待之，他对刘文典走上大师之路有"知遇之恩"，最起码，他的鼓励让刘文典更有自信去做接下来的事情。严格点说，若是没有胡适的大力推荐，恐怕刘文典的《淮南鸿烈集解》的声名不至于威震八方。

　　刘文典知晓，整理国故不能一味地只顾着考证，拓宽视野也是十分关键的，要做到集合多种版本，做到万无一失，绝不能有半点揣测之意，非有几分证据而不能妄下论断。在后来，他曾给胡适写信道："弟目睹刘绩、庄逵吉辈被王念孙父子骂得太苦，心里十分恐惧，生怕脱去一字，后人说我是妄删；多出一字，后人说我是妄增；错了一字，后人说我是妄改，不说手民弄错而说我之不学，所以非自校不能放心，将来身后虚名，全系于今日之校对也。"

　　这也说明，自信的刘文典即便异常聪慧，面对这份不容易的工作时，也是如履薄冰，万分小心的，生怕出现一点纰漏，毕竟这是对他来说尤为重要的一本书。

　　刘文典在校对《淮南子》的过程中，谢绝了一切不必要的应酬，每日除了上课，很少从他的书房里出来，有时甚至连饭都忘了吃。伏案疾书，通宵达旦。不知过了多少昼夜，刘文典终于完成了他的首部作品——《淮南鸿烈集解》。

当完成时，刘文典首先想到的就是胡适。他急忙把书稿拿给胡适看，并要求胡适兑现自己的诺言——作一篇文言文的序。胡适当时已经不写文言文了，可仍再度执笔撰文，并对刘文典的《淮南鸿烈集解》赞叹不已。他在序中写道，"叔雅治此书，最精严有法"，又有"今日坊间所行，犹是百五十年前之庄逵吉本，而王、俞诸君勤苦所得，乃不得供多数学人之享用；然则叔雅《集解》之作，岂非今日治国学之先务哉？"

胡适在国学界的地位非同一般，他对于刘文典的赞誉，也使得其名气更胜一步。很多人说，这番评价对于有一定学界名声的人说尚可，可对尚属小辈的刘文典而言，未免有些过高。

不过，当《淮南鸿烈集解》出版入市之后，旋即而起的一阵"淮南子风潮"正应了胡适所料，也补足了刘文典那时在学界并不高的地位。

霎时，梁启超、鲁迅、周作人等在读了这本书后，都对其赞叹不已，刘文典本人也自此声名鹊起，一举成名。而这本佳作，也成为现代学术史上《淮南子》研究的代表性作品。刘文典完美地打了一场翻身仗，也自这时起，刘文典与胡适的交情更深了。

《淮南鸿烈集解》问世了，很快便取得了不俗的成绩，这一次，可谓让中国的学者见识到了这个其貌不扬的文人的能耐。

《淮南鸿烈集解》是历代研究《淮南子》著作中非常重要的一种，其吸取众家之所长，旁征博引，新奇之处众多，堪称前所未有。

中国语言文字学家杨树达，在读过刘文典的《淮南鸿烈集解》之后，给予了很高的评价，一来赞扬了刘文典校勘的能力，对他收集材料，以多以广为根基，借前车之鉴，详加校勘，无丝毫投机取巧之嫌予以盛赞，尔后肯定了《淮南鸿烈集解》在学术方面的成就，可谓是亘古未有，足开后世。

刘文典所著《淮南鸿烈集解》，是所有相关著作中唯一进行系统整理的，从汗牛充栋的书籍中找到自己所用之材，其严谨作风从此可见。他凭借着内容翔实、思路清晰的校勘之法，为后世之人省去了诸多麻烦。

刘文典在其著作中所表现出来的严谨治学的态度令人钦佩，他的学生曾回忆道，"先生知识之渊博，治学之严谨，令人叹为观止"。

他在此后的其他著作里，也一样秉持字斟句酌之原则，丝毫没有因自己的名气而忽略了对文字的追本溯源，更没有因其他俗事俗物离开这份他热爱的事业，这就是刘文典——一个在字里行间狂傲着的刘文典。

3. 声名掀波澜

注定闪耀之人，无关置身茫茫人海，抑或深山老林，他的光总是为世人所见的。即便不是他本人刻意而为，却也有旁人称道。完成了《淮南鸿烈集解》的刘文典，就是一块已渐渐被磨出光亮的金子。

光阴流转，几个月的时间里，刘文典每日静心甚笃，收获颇丰。闭关几个月足不出户的他，潜心学问，使得出自他手的《淮南鸿烈集解》非同凡响，一问市，就在口口相传中有了名气。只是，在《淮南鸿烈集解》的诞生多有波折——差点栽在钱财之上。

刘文典对《淮南子》的校勘工作，不可谓不艰苦，"一举成名"的背后，实在有太多难以下咽的辛酸。

那几个月时间里，除了必要的出门上课，刘文典谢绝了一切社交活动，整颗心扑在了《淮南鸿烈集解》上，就连睡梦之中，也飘忽着古人的东西。在旁人看来，这自然是一种折磨，难以忍受，之于刘文典，却是无穷之乐了。

校勘之著完毕，名声渐起，本以为一切会顺理成章，可经历了孤寂之苦后，却又得承受身无分文的尴尬。是时，商务印书馆因刘文典未能及时将书的后几章校对完成，拒绝支付余下稿酬。显然，刘文典虽获其名，却不得其利了。

在这之前，已有过一次这般尴尬之事。那次，商务印书馆碍于胡适的出面交涉，预支了一部分稿费给刘文典，可那点小钱在维持生活及购买类书、雇人抄写这些费用面前，实在杯水车薪。那段时日，窘迫的刘文典四处借钱，加之学校方面未能如期发放工资，当真背了一身债务。生活的艰难，也如同一座大山一样，压在了刘文典的肩上。文人落魄，是应举国皆悲的。

无奈之下，刘文典又一次求到了胡适。胡适眼见如此才情的刘文典竟被生活折磨至此，也不忍心袖手旁观，热心肠的他再次积极与商务印书馆方面进行交涉，晓之以理，动之以情，最后终于帮刘文典解决了这个大难题。帮衬了钱财，他还不忘屡屡跟人谈及著书刘文典的校勘之能和做学问的严谨态度。

后来，胡适在其日后的代表作——《中国思想史长编》中再度赞扬了这本书的学术地位："近年刘文典的《淮南鸿烈集解》，收罗清代学者的校著最完备，为最方便实用的本子。"

逢得胡适，当属刘文典之于学术、之于人生最大幸事，这般友人，能一心助人，不求回报，让刘文典没齿难忘。也从这时起，刘文典开始与胡适更多地交流学术上的问题。二人的书信往来，也在未来的几十年中从未中断。

出名的刘文典，未有丝毫的流俗之气，他还是他，还是那个狂傲之人。《淮南鸿烈集解》10年间三度重印，他本人亦在找寻书中的不足，努力完善之中。在之后长年累月的教学、治学过程中，只要他有遇到关于此书的新思想、新材料，他一样殚精竭虑，一一记录，这在其后来的作品《三余札记》《宣南杂志》中均可窥见。

北大时节，刘文典打出了自己漂亮的招牌。是时，他不再是一个默默无闻的无名小卒，不再听到职不相称的流言蜚语，而是知名教授。《淮南鸿烈集解》彻底稳固了刘文典在学术界的位置。对于这一点，刘文典是知晓原因的，一切自有根由，他的成名根由，皆来自于胡适。

后来，刘文典在各种场合上都提到了这件事，他曾如此评价胡适对他的帮衬："你是弟所最敬爱的朋友，弟的学业上深受你的益处。近年薄有虚名，也全是出于你的'说项'，拙作的出版，更是你极力帮忙、极力奖进的结果。"

刘文典自谦倒是第一回，他这般褪去锋芒，让人以为不是他了。但其实这正是刘文典，一个率直善良的中国文人。

也正因有对胡适的如此敬仰，刘文典每每遇到需要决策之事，也多会争取胡适的意见。当《淮南鸿烈集解》尘埃落定之后，刘文典又瞄向王允的《论衡》。胡适闻之，也一样大力支持。不过，中间却出现了些许"岔子"。

校勘完毕后，商务印书馆表示，此书市场状况似乎不容乐观，这让刘文典心生疑虑。转而，他再请胡适"出山"。而胡适一出马，也的确令问题迎刃而解，商务印书馆将出版事宜委托于他，让他与刘文典商谈。

人生得此挚友，当真不留遗憾了。

后来，刘文典也曾做《庄子》《说苑》《大唐西域记》等校勘工作，之前均向胡适"汇报"，以征其见。胡适也不嫌麻烦，一一应了下来。刘文典对胡适极其信任，那段时日，凡胡适赞同的事情，他自当义不容辞；凡胡适存有疑窦的，他则毫不犹豫地当即放弃。

刘文典出名了，对他而言，出名带来的最大收获有两个：其一，得胡适这一挚友。人生难得几个朋友，尤其对刘文典这样直脾气的人来说，虚假的鞍前马后那一套他不懂，他只懂得对错和道义，也许胡适就是因为这一点，才愿意和刘文典成为朋友的。

其二，治学的精神得到了锻炼。在刘文典之前的生活中，他虽然一直钻研国学，却从未如此用心。在这几个月的时间里，刘文典用生命写作的《淮南鸿烈集解》，带给他的是专注而积极的治学态度，这是刘文典一生治学必不可少的。

几番清贫之苦，一夕扬名天下。这时的刘文典，终于迎来了他人赞许的目光，他也慢慢地处于了北大乃至北平的中心地带。

4. 叔雅感鹤寿

峥嵘岁月，学界沉浮。清华园林之内，卧虎藏龙，或为诗文一绝、或为雄辩天下，凡所应有的普天之才，此园林内悉数藏尽。"清华"，一个透着古典之美的地方，这里聚拢了学界泰斗、文学新星、行业翘楚，一群文化志士纷至沓来，为这置身于西郊园林的学府，增光添色。

刘文典，便是这清华园中的一抹迷人之色。

1929年年初，刘文典进入清华大学，担任中文系教授。自因结缘胡适而校勘《淮南鸿烈集解》，一举成名之后，他的著作频出，"内功"越发深厚，骨子里的"狂狷之气"日甚。不过，作为"狷介"之士，刘文典其实绝无恃才傲物之心，未曾"挟前功而讽后辈"。尤其到了盘龙卧虎的清华大学，就更是谨小慎微了。

然而，"狂士"自有其狂人之处，与沈从文、吴宓、鲁迅、闻一多等之"云云"，实在是民国时期的一大逸事。有所谓"欲扬先抑"，刘文典的"狂"，一如他与胡适的交往一样，需要积淀方可能"沉舟侧畔"。

陈寅恪（字鹤寿）的出现，是刘文典清华岁月中，始料不及却又欣喜若狂的一段经历。

出自于"义门陈氏"之家世的陈寅恪，其父为著名诗人陈三立，与谭嗣同、丁惠康、吴保初并称"维新四公子"。其兄长陈衡恪，为著名画家、诗人。陈寅恪生于如此书香世家，继承着祖辈优良的血统，故此在他年幼之际，便能将《十三经》多数篇章倒背如流。

12岁时，陈寅恪东渡日本，20岁考取官费留学，曾辗转于德国、瑞士、法国，通晓蒙语、藏语、满语、日语、梵语、英语、法语、德语、巴利语、波斯语、突厥语、西夏语、拉丁语、希腊语等，其中最为精通的当属梵文和巴利文，这样的小众语言很多人是闻所未闻的。

这样的名家，让刘文典顿时眼前一亮，而他从陈寅恪身上，亦是同样汲取了丰厚的养分的。提起陈寅恪，刘文典的敬佩之数达到了"十二万分"，足见陈寅恪在其心中的地位。而一旦有人数落陈寅恪，他亦会当即跳出来，厉声喝道："没长眼睛的狗东西！陈先生是当之无愧的大学者，是'教授中的教授'，闭着眼晴都能把你们撂倒，哪轮得到你们来教训他！"

追及刘陈两人的相识，大抵在 1927 年。

是年，刘文典与朱自清等人成立了"清华中国文学会"，在该会的月刊上，即可看见陈寅恪的文章。而若谈及两人深交，则是在 1931 年。这年秋天，清华大学研究院文科研究所，就在这收获时节成立了中国文学部、历史学部，在原中文系课程之外增设多门其他课程。当中，刘文典涉猎"选学、诸子、中国化之外国语"，陈寅恪则指导"佛教文学"，两人也是在这期间多了些交流，更了解彼此的。

次年，《清华学报》设学报编辑部，刘文典、陈寅恪、吴宓等人担任编委。学问研习的过程，拉近了彼此之间的关系。而这关系，也随着刘文典对陈寅恪的了解而越加深厚起来。

陈寅恪涉猎"佛教文学"，这促使刘文典也开始对佛教经典产生了浓厚的兴趣。当其呕心沥血，完成《大唐西域记》《大慈恩寺三藏法师传》等典籍的批注工作后，便随即向陈寅恪汇报成果。刘文典的身上，就是有这般孜孜以求的精神，这也是他终而登临学术之巅的根由。

清华岁月，刘文典的思想积极进取，其学术成果也在这一时期内慢慢攀升。尤其是他对《庄子》的研究，堪称到了一个"至高之境"。他曾说："古今真正懂《庄子》的，两个半人而已。第一个是庄子本人，第二个就是我刘文典，其他研究《庄子》的人加起来一共半个！"此等"狂言狂语"，大抵只有这"狂士"刘文典能说出口。而身在清华这个虎踞之地，亦能有这般"疯言"，他的底气，就来自于陈寅恪的赞誉和自己的扎实基础。

刘文典校勘之功不俗，自《淮南鸿烈集解》之后，又陆续推出多本传世之作。其中，更为知名的当属《庄子补正》。此本佳作，收列了《庄子》内篇、外篇、杂篇的全部原文和郭象注、成玄英疏，堪称"旷世之作"。

这本佳作，耗费了刘文典很多精力和时间，前后花费近 10 年之功，终成完满之作。其后，处于颠簸之中的陈寅恪更为《庄子补正》作序：

> "合肥刘叔雅先生文典以所著《庄子补正》示寅恪，曰：'姑强为我读之。'寅恪承命读之竟，叹曰：'先生之作，可谓天下之至慎矣。'其著书之例，虽能确认其有所脱，然无书本可依者，则不之补。虽能确证其有所误，然不详其所以致误之由者，亦不之正。故先生于《庄子》一书，所持胜义，犹多蕴而未出，此书殊不足以尽之也……"

陈寅恪之一生，所赞誉之人寥寥无几，刘文典能得此殊誉，足见《庄子补正》为其带来的惊喜。刘文典身后能有此"教授中的教授"撑腰，其每每言辞激烈，也就令人不觉惊奇了。而在陈寅恪的心中，刘文典当真算作自己的"患难之交"。

"七七事变"，石破天惊，苍茫大地，一片萧索。国人眼中的国，尽是混乱与动荡，黎民姑且不安，心怀天下的开明之士，就更难平静。

1937 年，陈寅恪的父亲离世，他匆忙回家料理完父亲后事，便携带家眷逃离北平，辗转至长沙，后又继续南行，最后抵达云南。彼时，刘文典等人亦随陈寅恪同住。那段时日，刘文典亲眼目睹了陈寅恪所遭受的一切，内心不免生出更胜往日的敬佩之情。而对陈寅恪来说，落难之时亦有刘文典之流相伴，实令其内心颇感慰藉。

更让陈寅恪感激涕零的是，在战事的侵扰中，刘文典一句"保存国粹要紧"，便让身边学生搀扶陈寅恪先走的举动，让他感受到了刘文典的真情与真诚。他们之间的情意，就在这生死关头流露出来。

同为清华大学"招牌菜"的刘文典、陈寅恪，可谓"英雄惜英雄"。陈寅恪为刘文典的真诚和治学的严谨精神所打动，而刘文典，除了对陈寅恪渊博的学识有着"十二万分的敬仰"，更推崇其高尚的人格。

对自身名节的看重，大抵可看成是陈氏家族一贯的血脉继承。当年，陈三立自日军入侵北平，绝食绝药而死，这"不食嗟来之食"的刚烈举动，叫人不胜赞叹。对此，陈寅恪同样极为赞同。刘文典得知这一事情后，对陈寅恪身世和家世更为敬佩，"书香之士"已经不足以形容陈寅恪，他的家人不仅有文人的学识，且还有自古以来读书人的傲骨。

而同为清华大学教授，且是陈寅恪同事的王国维之死，也撼动着刘文典内心对学人名节的坚守。在他看来，王国维绝非如传言所述：或死于债务、丧子，或死于疾病、厌世，而是因名节而亡。思及此，他写下了令后世之人景仰之句："先生之著述，或有时而不章；先生之学说，或有时而可商。惟此独立之精神，自由之思想，历千万祀与天壤同久，共三光而永光。"

独立之精神，自由之思想，不仅仅王国维追之，陈寅恪追之，刘文典追之，身为新思想的接受者、继承者、光大者的任何人，都应该追之，并将其发扬光大。陈寅恪的这种学人人格，令刘文典永生难忘。

从陈寅恪的身上，我们仿佛看到了刘文典的身影。也许正是由于二人相近的文人气息，相近的硬骨头，才让彼此的友谊更深，即使在战争时期，也不会有丝毫损失。

得一思想之友，胜过俗人万千。刘文典在清华大学最大的收获之一，即是得到了陈寅恪这样一个朋友。当然，与吴宓的相交，也一样令其欢欣不已。大凡志趣相投者，多成莫逆之交。刘文典就在这样的文化氛围之中"从善如流"着。

如果说，刘文典相交于胡适，首先得到了名声，并借由此，慢慢厚积能量，那么交上陈寅恪，则使得其性情中的"恪守之力"更甚，也许，这也是他能得"狷介"之士称谓的又一原因吧。

陈寅恪本有机会登上社会高层，体面地度过自己的一生，可他自身的学人气节，却令其绝不"苟同于世"。

1953 年 11 月，北大历史系副教授汪篯——陈寅恪的学生，南下去请陈寅恪，他受郭沫若、李四光之托，希望恩师能到中国科学院任职。原本他志在必得，可不曾想，却碰了一鼻子灰。

陈寅恪告诉他，"我决不反对现在政权，在宣统三年时就在瑞士读过《资本论》原文。但我认为不能先存马列主义的见解，再研究学术。我要请的人、要带的徒弟都要有自由思想、独立精神。不是这样，即不是我的学生。你以前的看法是否和我相同我不知道，但现在不同了，你已不是我的学生了，所以周一良也好，王永兴也好，从我之说即是我的学生，否则即不是。将来我要带徒弟，也是如此。"

汪篯好说歹说，也不得陈寅恪点头，而陈寅恪更抛出条件："第一条，允许中古史研究所不宗奉马列主义，并不学习政治；第二条，请毛公（毛泽东）或刘公（刘少奇）给一允许证明书，一块挡箭牌。"

显然，陈寅恪直接拒绝到了根。

独立之精神，自由之思想，彼时的陈寅恪，"宁守气节乞讨，不喜半点尘世"。在这一点上，刘文典心有愧疚。当时，他已为全国政协委员。陈先生之气节，"他终而只习得皮毛，未及精髓"。

然而，是时的刘文典，早已褪去了往昔的稚嫩和冲动，他理智性地"癫狂"，用习来的神韵与气质，开辟了独属自己的一家宗派。这其中的功劳有一些是陈寅恪的，但若让刘文典来说，他便要说这都是陈寅恪的功劳。

人生，能够遇到这样一位相敬相惜的友人，当真是一大幸事。

第六章　叔雅傲然立

1. 立名先立业

1928 年，刘文典在学术界积攒的名声，并不能给他带来更好一点的生活状况，虽不至食不果腹，怕也是度日艰难。刘文典是个"自负的近乎顽固"的人，自不能接受自己的才华不被完全赏识，何况薪水甚至要少于自己的小辈？

生活弄人，世事难料。《淮南鸿烈集解》的稿费并未与业界位置挂钩，如此黯淡之境，让刘文典心有不甘，他内心便萌生了另谋高就的想法。

其时，以刘文典的本事，想要重新找一份差事，也不算难事，可就因为他"才"大气粗，一般的工作他又怎会放在眼里？愤懑之际，他曾写给胡适一封信，来舒缓心中的郁闷之气。他在信中说："文典虽然不才，但译书、编书、做文章，以及报馆的编辑都还干得来，薪水也不奢望，只要有现在的半数就行了。"

真给他刘某人一份"有现在的半数"的工作，就"行"了吗？自是不行的。刘文典这言不由衷的话里，也透着他当时矛盾的想法。

现实留给刘文典的选择空间并不是很大，与他自己的要求也并不对路，他想拂袖而去的想法也就暂时搁置在了一边。殊不知，上天给刘文典的使命在此时悄然而至，等待他的是一项极为艰巨的任务：郁闷中的他接到了家乡的邀请函——筹建安徽大学。

说来也怪，安徽大学的筹建工作似乎一直困难重重，荆棘满路。早在清朝末期，就出现了安徽大学的"雏形"，可惜那时经济难以维持，革命烽烟四起，停办似乎已是必然。五四运动后，蔡晓舟等有志之士，立志挽救安徽的教育事业。

豪杰出于乱世。

蔡晓舟抽刀断指那一刻，"誓死建成安徽大学"八个大字，注定了安徽大学的筹建之路虽困难重重，但必有后来直面惨淡现实的猛士接过希望的大旗，挥斥方遒，为后世留下浓墨重彩的一笔。

刘文典就是其中的一位。天命使然，更是人心所至。

安徽大学的筹建工作始终在挫折中前行，自 1923 年就一度停滞不前，几近崩溃，这引起了当时教育界及社会人士的愤怒。社会动荡，岂可一再牵连教育？庸人万事不成，却阻碍成事者，着实可恶至极，称人神公愤，怕也不为过。

在众人的积极推动下，筹建工作再次恢复。在首次筹建名单中，刘文典并不在内。而他的同乡——在国内教育界屈指可数的高手王星拱，位列其中。

王星拱，字抚五，著名教育家、化学家。在接到安徽大学筹建邀请之前，王星拱就已在国立武汉大学主持校务。虽然他在这次邀请之列，可最后婉拒，并向安徽教育界推荐了刘文典，他也成为刘文典与安徽大学缘分的引荐人。

万事开头难。刘文典在安徽大学的早期筹建中呕心沥血，当时政府的决议也煞是可笑，既然支持安徽大学的建校工作，却不给予建校所需费用，财政开支荒唐地用在"剿共"上，真是岂有此理！

在承诺的资费没有落实的情况下，刘文典无计可施。碌碌鼠辈只能是历史的注脚，苍髯老贼们，让本就困难的安徽教育变得更加乌烟瘴气，前景堪忧。

那时的刘文典，正准备一展宏图，却遇此状况，实在步履维艰。他每日寝食难安，这似乎也正应了他来到安徽大学之前所想到的，每个地方都存在着阴暗角落，奸人也似乎总有属于他们自己的舞台。

事实上，刘文典在刚接到安徽的邀请函时，就已不开心了。这都源于他的"清高"，以及他对这个社会本质较为敏锐的洞察力。或许，是他对当时的社会官员已经失望，认为安徽的官员只是一帮毫无作为的小人，与他们共事，甚至有辱自己的一世英名。

"安徽的那些东西不能共事，所谓大学也不过是那么一句话而已"，从这句话可看出刘文典对那群小人的不屑。当然，安徽并不全是无为之人，也有心明眼亮的智者。刘文典在这件事上也并未表现得那么决绝，毕竟，故乡的教育对这位胸藏赤子之心的学问大家来说，分量不轻，只是现实也第一次让刘文典低下了高傲的头：他的经济状况实在拮据。

刘文典在写给胡适的一封信里提到，"弟所以跑在安庆那样秽浊的地方讨生活，一来是因为安庆有个中学，小儿可以读书；

二来是受生活的压迫，所以才忍耻含垢在那里鬼混，过的生活真是苦极了。终日要和一班不相干的人们周旋，简直是如娼妓一般了"。

他不是不食人间烟火的神仙，也不是供人欣赏他如何高风亮节的侠士，他是一个父亲，一个家庭的顶梁柱，他对这个社会可以是大义的，毫不计较的，但面对家庭，他有责任，且是很重的责任。不想，现实再度让他失望。

刘文典煞费苦心地熬了几个晚上，写出了大学筹建方略，却只是被扣上了"条理缜密，擘画周详"几个字，没有任何实际效果，也没有任何下文。省教育厅厅长对此极为赞同，却不予任何实质性的支持。

安徽大学筹备委员会，一次次去求那早已承诺的 1 万元经费，并要求"克日筹拨"，此番询问随后也终于得到回应，在省政府发出的"教字第四一号"公函上，这 1 万元终于被令"迅予拨发"。这一天是 3 月 31 日，距口头支票应允时已过数月。

不管怎么说，安徽大学总算可以如期开学了。

1928 年 4 月 10 日上午 10 点，安徽大学在风雨飘摇的时代正式诞生。经费不足，场地有限，刘文典领导众人艰难地克服了这些困难。从这一刻起，刘文典成为安徽大学创立过程中最大的功臣。这是他的巅峰时刻，备受瞩目的时刻。但凡高等院校的首任校长，总会受到后世人的敬仰和缅怀，而刘文典在这些人当中，似乎被挤出了视线。幸而，历史未曾抹去时代英雄的光彩。

沧海横流，英雄理应被铭记。刘文典，无疑是其中最独特的一颗星辰，或许他从未想过这些。他的脑海里，仍挤满了学校的资金问题，那一群学生的教育问题……

2. 全力赈穷途

时时运筹，半两不接。挫因为首，万事不成。萧条光景，油助火星。半推半阻，事无可期。人的意愿，并不能左右事情的发展，我们总是期待好的结果，但往往事与愿违。

刘文典在创立安徽大学的过程中，不知脸上增添了多少纹路。他可以流几滴眼泪吗？想来倔强的他不会，这时的眼泪和汗水是无甚差别的。一席文人铺盖的刘文典，或许不知兵法中的上计为何，但就算了解，他沉重的脊梁还是会流着汗支撑在那里。

自从接受了安徽大学的工作，刘文典从未有过片刻安逸。政府对安徽大学的所谓支持，或许只是迫于教育界人士与民众的压力，在心里可能从不当成一回事。安徽大学挣扎了十几年，才在安庆这片土地上埋下根，而遍观四周的阻碍，还是比比皆是的。当时的情况，似乎比之前更为糟糕。在未正式成立安徽大学前，资金不足所造成大学筹建工作一拖再拖。而现在木已成舟，安徽大学成立的消息传遍大江南北。在这样的关键时刻，若无经济基础，多年来有志之士的心血与期望就怕要付之东流了。刘文典劳心焦思，心如火灼，这种压力是很多人所不能接受的，稍有不慎自会精神崩溃。

安徽大学刚刚成立，根基未稳，从本质上说，绝非世人眼中的高等教育学府。师资力量薄弱，教育基地也不比任何一方军队的营地大。这种现实，绝不是刘文典等人所期望的。刘文典辛苦拟就的《安徽大学组织大纲草案》，相当于一纸废文，筹备处所呈"请省府审定全年度经费为七十二万元，另划全省契税收入八十二万元为大学基金"，看来更像是个笑话。此时的安徽大学，仿似刚出生的婴儿，还未长大成人就要经历风雨，不知还能撑到几时。

"绝不能再这样下去了"，刘文典内心焦灼，面对如此恶劣的政府态度，一介文人，再一次于与学术无关的战场上充当了急先锋。

1928 年 3 月 29 日，芜湖举行游行活动，"到者数万人，皆义愤填膺，誓死抗争，不达目的不止，民情激昂，数年来未有如此之甚者"，力争将卷烟税作为教育基金。

民心是个很奇特的东西，很多时候他们在面对请求和责任时，选择关起门窗，但在面对教育的问题时或某一个关键时刻，又往往成了最致命的力量。政府高官舔舔嘴边的油，也不得不重视此事。

卷烟税本就规定为教育所用，而在此决议尚未完全实行时，就被强行改议为归国税范围，教育经费因此无了来源。可愤的是，这么重要的一个决议，在当时全凭时任国民政府财政部部长的宋子文一手操控。刘文典一骑当先，直面宋子文。此时的他，背负着安徽教育发展的希望。其实，他本可以安稳地做无忧无虑的自己，不用扛起此等众任，但那样的话，刘文典也就不是刘文典了。

"今后唯一之希望，即为如何确定教育经费之来源。根据大学院教育经费独立之明令，划分何项税收，使教育行政机关能直接征收、直接保管、直接支配；在可能范围内，做可能之事业；斯则行政当局与热心教育诸同志，所共同努力以赴之者也。"刘文典所希冀的，是每月政府补助必须达到合理数目。如此狂傲的刘文典，在自己本不屑一顾的人面前，实在费了诸多口舌。

他穿着长褂，戴着眼镜，激昂地对着宋子文慷慨陈词，然而这位国民财政部长并不为其所动。

刘文典的耐心在一点点地被耗尽。若是别事，他不会像今天这般"好态度"，或许早就"火星四溅"了。而宋子文依然坚持自己的决定。教育，对于他来说，并不是多大的事情。二人你言我语，互不相让，本应顺理成章解决的教育经费问题，就这样相持不下。

安徽大学，这一基础薄弱却满载期望的新建大学，创办至此，似乎已无法再继续维持下去了。那个时代，充满的是硝烟，征伐，尔虞我诈，而育人育理，传道，授业，解惑，在此时此景，仿如是无足轻重的。

刘文典面对高官，不卑不亢，也不因宋子文的拒绝而放弃。二人多次争论无果后，决定同去找中央研究院院长蔡元培来解决此事。蔡元培历来对刘文典有惺惺相惜之意，而作为中国近现代教育界最负盛名的教育家，教育大计在他心中的重要性不言而喻。

于是，此时终于出现了一丝曙光，安徽大学也因此迎来了转机，安徽各界人士的请愿让宋子文头疼，这回轮到他吃不好睡不好了。抗议风潮大有无法抑制之势，宋子文不得不做出让步，同意每月拨给安徽大学 10 万元教育经费的补助。这虽然与刘文典所说的每月补助最低限度 16 万元还相差不少，但在安徽大学建设迫在眉睫的情况下，已经是最好结果了。加之省财政部门也决定月筹 4 万元用于安徽大学的经费，这场没有硝烟的战事便就此平息。刘文典终可以舒一口气了。

回想安徽大学的创建历程，已非一个"难"字可诠释。刘文典在这场无米之炊中，甚至连"调料"都没有。

学校以预科起家，当时，所有基础薄弱的学校在建立之初似乎都是如此，这本无可厚非。但作为一座高等学府，原本就是"但设本科，不设预科"的，然而既然由于种种原因设了预科，就必须在一定时间内完善高等教育学府本应有的各个学院。可悲的是，摆在眼前的现实问题是刘文典等人不能解决的。

可以预见，刘文典在这时自是睡不成眠的。学校经济入不敷出，责任似乎全系在预科主任身上。他当时不到40岁，看起来却像是大了一轮。作为一位学术巨匠放下书本教案，投身管理事务，内心或多或少的不自信、不熟悉，也足够困扰他的了。

在刚刚解决了经费问题后，以刘文典为首的筹备委员会立即宣告安徽大学的文学院、农学院成立。其余法学院、工学院于次年筹办完毕。终而，安徽大学即将筹备完毕，对于安庆这座城市，这个时刻也算得上是史诗性的了。

文学院筹备主任刘文典，众望所归地代行校长的职权。

这场近似于闹剧的"经济风波"，终于告一段落。刘文典把心思放在了文学院的筹建上。接下来，他仍然要面对不轻松的考验，只期望他能妥善应对。

文人风骨，有时比武士的刀剑更韧。看着越来越多的后生能有一片净土安心读书，接受知识的灌溉，刘文典心情愉悦。无数个午后，他仰靠在椅子上，或醉心于校勘，或思想于方略。他的心情是轻松的，哪怕身体并未得到多大程度的舒缓。

3. 惊涛拍浅滩

天有不测风云，人有旦夕祸福，这一切的发生都是人力难以预料、无法估计的。一帆风顺，历来在现实面前只是一个可怜又美好的奢望。我们在不知去向哪里的路口，走走停停，所谓意义或许只能自己思索。福祸相依,人在经历美好事物之时,总是会遇见阻力。人之不如意十之八九,好像祸往往与我们更亲近。

人在高位,更平添了许多扰人的烦恼。历代民众均以功成名就为成功的评判标准。那么回想一生,他们是否开心呢?然而有一些人,他们以国之精华的守护和传播为己任,所谓的清史扬名,其实在他们的几十年时间里并不是那么重要。他们所经历的往往是清贫,这才是最贴切的代名词。刘文典就是这样一个站在历史潮头却永远不会受命运垂爱的人。那么历史,或者说是人们——同活在一片土地的人们,又让他开心了吗?

1928年冬,皖省学潮爆发。刘文典再次被推向了风口浪尖。

事情的起因简单的可怜,一群小朋友不知天高地厚,妄自展露"血性",这在几十年后几乎每个区域都会发生的小事,在那个时代竟被赋予了如此大的罪名,可见"戴帽子"的破坏力是如此巨大!

那时,安徽大学刚刚建立不久,其邻校便是安庆第一女子中学。女中在那年曾预备开一个恳亲会,由于一些家长有事在身不能亲到,部分请柬便流向安徽大学学生手中。学生本就在青春时节,或多或少有些爱凑热闹,执意要去女中礼堂参加晚会,而女中却说晚会停开。安徽大学学生自觉受了屈辱,才引起了事端。

或许事情比想象的严重。安徽大学的学生砸坏了女中的室内设备,据说当时还有打人闹事的。以杨、周等为首的安徽大学学生在女中校舍七进七出,四处打人毁物,竟致人呕血。他们还将女中校长程勉一手抓来以拳头泄愤。窗户碎了,程校长的头还好。保安队赶来,安徽大学学生才渐渐退去。

这些现在看来似乎掺杂了十足的水分,但安徽大学学生强闯女中,被拒绝而自觉被辱,继后女中又请来保安队,更让安徽大学学生觉得受到莫大侮辱——当时的保安队多数被人不齿，视为小人，砸毁女中窗户桌椅等物却应该大体为事实。其实此事本可避免，双方都以和气待人，就不会发生这等在当时极易被抓住话柄、大说特说的事。

可事已发生，就不得不处理。刘文典作为安徽大学头号负责人，并没有在最快时间内见到对方——那位似乎被击中的程校长。按刘文典的性格，在一分钟前听到此事，在一分钟后应该就已起身解决了，不知为何这时却默不作声了。

今日看来，刘文典在当时并未及时获得消息的可能性还是较大的。待他反应过来后，事情已上升到白热化的阶段了。

女中学生在恐惧的催化下转为气愤，由本校教务主任带领着，去往省政府教育厅浩浩荡荡地请愿去了。标语上并非是关乎社会安定的大事，而是本校受到暴力影响，请查办等让人哭笑不得的"大事"。这支请愿女子军，竟然还受到了本来就警力不充沛的警员荷枪实弹的保护。看来，事情已经到了"非同小可"的地步。

政府打着一贯用的"礼貌"的话，派人分赴两校彻查解决。刘文典在这时才基本明白此事的大概。在他心里，这事情远没有吵的那么严重，学生正值青春时期，血气方刚，打架并不能证明什么。各路军阀扎营盘的时候，名声似乎也没有受到什么影响。而且，刘文典作为学校校长，多少是有些偏爱自己学生的。听到政府派人来协调，他的眉头又皱起来了。

对方似乎并没有想跟安徽大学私下和解的意思，本来不难解决的一件事，被对方程校长一句开除杨、周等学生给破坏掉了。刘文典是一个正直的师长，与学生的感情自然是不浅的。让他开除自己的学生，也要讲讲清楚，他们的错误是否至于断送他们的前途，还有待考虑。

或许是骨子里有着强烈的反抗情绪，要刘文典屈服是很难的。他瘦弱的身板下，却暗暗流淌着某种无可言喻的硬气。看似是一介文人，却有着比武士更猛烈的骨气。这种被后来人称作文人风骨的近乎偏执的倔强，注定了刘文典在这件事的处理上不可能低头。

只是，在这件事情上，刘文典的"硬"却害了他。

女中的没完没了，让刘文典觉得有些气愤。把时间都浪费在这种鸡毛蒜皮的小事上，国何时可兴？

这些话，刘文典并没有说出口，毕竟己方确实有错在先。在与女中学生代表对话中，刘文典表示了对女中的歉意，但也表达了自己的态度：我们的学生现在也声称冤枉而愤愤不平，本人无法解决此事！

事已至此，省政府派来协调的人都面面相觑，最终只得作罢，打道回府。此事这般看来，僵持或许已是最好的结果了。可事实上，它还远远没有结束。

在这件事情上，发展还没有成熟的共产党员们的介入，间接害了刘文典。

女中与安徽大学的冲突事件陷入僵持之际，共产党员们认为这是一个机会，"从斗争中发展组织，从发展组织中进行斗争"。女中对于当时的社会以及中国古老的观念是鲜有涉及的，也就是说，他们在共产党的发展区域上还属于一片空白。当时的安庆团县委书记俞昌准和一群年青的共产党员决定，在这件事情上发展党的力量，对抗反动统治阶级。

如果说，当时刘文典的坚持在解决这件事上还存在希望，那么共产党的介入，彻底把这场本已熄灭的争端再度点燃。

安徽大学学生在本地各校宣称女中校长程勉侮辱、污蔑安徽大学学员，或许是女中的不依不饶，让当时的各个学校或多或少地产生了反感情绪，于是，一部分学校都积极响应了安徽大学的活动。各个学校都选出了代表，和安徽大学学生一道痛斥程勉，霎时，情形一发不可收拾。本应在学校吸收养分的学生们，都走出课堂，一起对抗与他们并无牵连的口中的"军阀行为"。

他们想到去省府请求公断。当时，在省府的代主席孙孟启口中的"秉公处理"依旧让人难以接受。有谁不知道几个签名所带来的效应，只是一种敷衍的解决方式。与此同时，程勉亦是憋了一肚子气，正在反抗的工作中尽职尽责，甚至超过他平时的校长尽职之力。

两派学生，已然显示出了两派政敌般的劲头。程勉的学生们口口声声都说是安徽大学学生的错，既破坏了她们的学校，又伤害了她们的心灵。

两方各树旗帜，更利刀枪，但有一点却是一样的：继续斗争，誓要较量出这场闹剧的结局。

安徽大学的学生在省政府门口进行围城，声称他们脑子里的根深蒂固的强权领导人程校长动用武力包围安徽大学，不查办是为极不公平的。此时的安庆城传单纷飞，穷苦家的孩子不可肆意得到的草纸，在这里漫天遍野，像是一种无言的讽刺。

而程勉本人在进入省政府后，或许可以松一口气了。一场会议接着另一场会议……会议在这场学潮中不知开了多少。协商，再协商，只求各退一步。稍过时日，刘文典同意道歉并赔偿损失。毕竟，安徽大学的学生在这场闹剧中责任并不算小，刘文典在自身有错的同时，也不会偏向什么，因为这有违于他的良心和天生公正的风格。但他也意识到，如此一场口角之争不应该上升到这般程度。身为学校负责人的他，在关键时刻，还是除去了身上的狂傲，为了他的校园，为了他的学生，该低头的时候就要低头。

然而，事与愿违。在刘文典决定道歉的同时，他的学生们仍在继续"斗争"。安徽大学"同盟会"高举着严惩程勉的标语，几千人的身影随着尘土渐行渐远。

4. 勇斗蒋中正

在国内局势混乱之际，也有这样一位想极力抓住权势之人——蒋介石（字中正）。

刘文典"痛斥"蒋介石，无疑是其彰显文人傲骨的巅峰时刻。此事不胫而走，轰动全国，民众谈起，既惊诧，心中又有些许微波泛起。这件事过后，无论当时的哪一方，都想看看这个敢于直面权势的刘文典。

蒋介石是何等人物，怎么会就此罢休？刘文典不顾后果的叫嚣，也让革命者期待着局势的变化。此举，让刘文典赢得天下文人、革命者和百姓的心，也让其声名由学识转为志士，他的名字一度传遍神州大地。

是时，蒋介石与刘文典都在安庆。刘文典也是在安徽刚刚兴起的高等学府中做了好大的事！

蒋介石这次出行，目的就在于展示他全国元首至高无上的地位。如同当年的康熙出访一般，所到之处尽是人们的欢呼雀跃。可他到了安庆却发现，这里并不是想象那般。

安庆此地一片狼藉，没有人声气震山河，没有列队的民众喊着他的英名，没有热烈的接送队伍，一切都在平静中度过，仿佛人们看不见他的到来一样。他亦感受到此地非常压抑，就像是战前的那一点安静。果然，这安静蹊跷。

原来，安徽大学的学生在闹事！

蒋介石的心情自然很不好，要说他的气愤，全不在此地教育上也有失公允，毕竟身为党国元首，教育的问题并非小事。而更让蒋介石恼火的是，消息称此次学潮风波有共产党参与其中。据说，在安徽大学校园内就存在与共产党有染的学生，而安徽大学校长刘文典，并不支持搜查工作，公开庇护此人，在搜查队还没到达之前令其离校，致使搜查队无功而返。

事情远远没有这么简单就收场，刘文典对着搜查队喊出的那句"大学不是衙门"，更彻底激怒了蒋某人。蒋介石想要去安徽大学，会会这个刘狂人。

蒋介石此时，心中已经暗藏不爽。他字字珠玑，人人以得元首训话而如望甘霖，而其欲在安徽大学演讲的愿望却落空。

在得知蒋介石想来安徽大学视察时，刘文典的牛脾气上来了。本来元首前来视察，一般人都会蜂拥而来，但刘文典偏偏不这样。他用文人的口气，文绉绉地回绝了蒋介石派来传话的人。

传话的人回去后也未能马上禀告蒋介石，此事就耽搁了下来。后来，蒋介石又想起了这件事，再次派人通知刘文典，让他准备元首视察的诸多事宜，但与上次的结果一样，使者又被退了回来。几次三番，蒋介石都没能到安徽大学视察学校情况。

刘文典多次拒绝蒋某，不做不休的蒋介石一股风似的直接来到了安徽大学校园，尴尬的是，在安徽大学的校园里，竟无人识得他，这让他更是怒火中烧——此间学生怎么如此无礼？！他想叫来安徽大学的负责人问话，手下找了一圈，却遍找不得。元首驾到，可连校园第一负责人都没见到，这实在"有失体统"。

　　蒋介石在校园里转悠了一番，已经起了杀心。他作为元首，自然不能外漏祸心，最终还是悠闲淡定地离开了。在校园里，他自然不会匹夫般地折断学校的扫帚，踢翻破水桶，但心里的火苗越窜越高。于他而言，安徽大学里发生的这一切都是讽刺。

　　或许，当他知道这件事情的真相后，会忍不住把自己镇定的形象撕破。就算喜怒不形于色的英雄，也是有发怒的时候的，更何况蒋介石是如此骄傲的一个人？那么，此事前因后果到底是怎样的？

　　在蒋介石来视察前，省政府曾通知刘文典，安排学生对蒋介石将军的到来报以热烈欢迎之意。接到通知时，刘文典正不亦乐乎地"搓麻"，他不屑地瞥了一眼，就把通知书径直扔进了痰盂里，嘴里自顾自地蹦出几个字，我手中"将"这么多，还稀罕他那个将！还好这句话没有被蒋介石知道，否则他必定会火冒三丈，恐怕之后谁也救不了刘文典了。

　　天下有几人敢在所谓的权贵面前硬着身子将腰板直起来呢？而立起来的这架骨头，往往会成为剑之所向。

　　社会浪潮的波澜，使得安徽学生上演的学潮愈演愈烈，蒋介石自不会冷眼旁观。他的手下当然也不会去安徽大学进行调查，听听他们口中的事实。不知是否是有意安排，女中方面一口咬定安徽大学的刘文典并未对此事道歉。

　　本就没有平息的怨气，加之政府的重视，女中的学生劲头更足了，她们纷纷要求面见蒋介石，状告刘文典等人的"罪行"，以发泄自己的不满。但蒋介石自己对刘文典的不满还没有发泄出去呢，哪里轮得到她们？他郑重发表讲话，声称这件事为安徽教育界之大耻，自己必须照顾学术氛围，营造优秀的学术环境，他要整顿安徽的学风。

初到此地时，他已经吃了"哑巴亏"，此番自然要老账新账一起算，在此地一展他的威风。

整顿安徽学风，说得直白些，便是整顿安徽大学的某人，更具体地说，便是整顿安徽大学校长——刘文典。

蒋介石在自己的临时办公地点召见了刘文典与女中校长程勉。刘文典向来政治嗅觉灵敏，不会不知道蒋介石的意图。他心里是不愿去理睬这位所谓的元首的，而且他素来眼高于顶，蒋介石越是耀武扬威，他就越深为不耻：我刘某人闹革命时，你还只是无名之辈。就是任何人也不能对我召之即来，挥之即去。蒋介石这等一介武夫，早不在我视线范围之内！

不过，刘文典还是去了，事情毕竟还未平息，作为一所大学的管理者，他于蒋介石没有什么责任，但对于安徽大学的师生，还是不能不管不顾的。学校的事情一直这样拖着，确实对教育有弊无利，况且在他心里，蒋介石并不是什么能威胁他的人。

在刘文典与蒋介石隔空对垒的过程中，刘文典让世人见识到了他的不畏强权，高官爵禄于他不如一本书来得实在，即便名声再显赫的人，也只是一人尔。然正是这种刚烈性格，也让他第一次进了监狱，成为了阶下囚。

5. 单刀赴洪门

到了与蒋介石约定的日子，刘文典心里有了个"坏想法"：不是不理会蒋介石，而是与他面对面地说些话。

这日，刘文典戏谑般地戴了一顶小礼帽飘然而至。在蒋介石和程勉吃惊之时，只见这位不修边幅的校长径直坐下，旁若无人，对元首和女中校长甚至连招呼都没有打。他身上破旧的皮袄，此时也"庄严"地面见首领了，在满屋子的锦罗玉衣面前，显得格外刺眼。

鼠辈们是定要向头领下拜的，刘文典恰是少数的硬骨头。别人在他面前趾高气昂，他无法接受，甚至表现得比旁人还气焰嚣张。这头领习惯了享受他被手下小犬们赋予的不平凡，当见到和他一样的"人"，心里就产生了气恼情绪，更何况面前这个人，与他的梁子早就结下了。

蒋介石再也无法控制内心的情绪，涵养和风度消失得无影无踪。他脸上冒出的怒气在宣告着他的不满，他鄙夷地大声问道："你就是刘文典吗？"

"我刘文典的名字是长辈叫的，不是任谁都可叫的！"这就是刘文典的回答，也是他的心里话。

我们不知道几十年前的那一天，在那个压抑的屋子里，事情的真相到底怎样，每一个动作、每一个表情究竟透着何种含义，但事情的结果是被记录了下来的，那就是：刘文典的气势，完全盖过了蒋介石。

双方的这次见面，名义上是商议解决学潮一事，实际上，则是对方在找刘文典的麻烦。除了刘文典，学潮起端的另一方程勉也在场。他被象征性地询问了几句，心里只想着快些平息这场事端，舒舒服服地继续他的校长生涯。

当蒋介石问到刘文典打算如何处理肇事的学生时，很明显，他已把学潮的错误完全转移到了刘文典及安徽大学头上。刘文典看都没看他一眼，在场人无不感到气氛骤然拉紧。旁人暗想，他实在是有些无理，对蒋主席的话视若旁骛，不回一字，态度更是大大的不恭敬。

刘文典稍顿片刻，自顾自地蹦出几个字，"此事还有黑幕，我不可能惩罚学生。"

蒋介石的火快从鼻子里冒出来了："把学潮中闹事的共产党名单交出来，然后必须严惩闹事学生！"两人像是公开对峙一般，就看谁能坚持到最后了。

刘文典本就没有和共产党联系，看到蒋介石栽赃蛮横的样子，心里更为不平："我不知道谁是共产党，这不归我管，这是你的事。你为将就带好你的手下，我是校长，我自然会管我的学生。"

这句话说得虽是痛快，但对蒋介石来说，无疑是火上浇油。刘文典也是个傲脾气，此时的他无法抑制内心的不满，"我在闹革命的时候见的事情远比你要多！还未成熟的学生所做的事，就要小题大做，真不过是一介嚣张的武夫。"

蒋介石一直以文将为荣，除了武将的勇猛外，他还接受过良好的教育，练就一身的儒雅书生气，这也是他引以为傲的，文武集于一身，更何况是当时政府的元首，哪有人敢以武夫之名羞辱他？自幼接受优秀教育的蒋介石，自是不能接受的。他纵横官场、战场，在中国革命中也是一面旗帜。

如果没有他，中国对外的革命也不会那么快取得胜利。他是武将，带领自己的手下，指点江山，收复失地，痛击外敌；他也是文人，一身书卷气息扑面而来。相传，蒋介石身上还有一则"文气十足"的故事。

蒋介石爱书，同时还爱一本其他人不怎么关注的书——字典。据说，他酷爱翻看字典，每读一字，细细品味，待到自己完全领悟后便撕掉，不再回看。这样的事情，倒像是刘文典的所作所为。这样想来，两个脾气都坚硬无比的人碰到一起，必定会有一场激烈的争辩。

看到刘文典如此傲慢，对自己的要求不仅视而无睹，还敢顶撞，蒋介石确实恼羞成怒了。他受不了刘文典的眼光及对自己至高无上之位的不在乎，也顾不上儒雅形象了，怒不可遏的他拍案而起，"教不严师之惰！学生夜毁女校，此乃国民教育之大耻，你这新学阀管教无方！"元首发如此大怒，很是少见，在场的所有人除刘文典外都吓得面目皆白。

刘文典一听，正直之感觉及本身傲气自脚底板嗖嗖向上猛窜，狂士的经脉瞬间被打通了，既然你如此蛮横不讲道理，那我也就不再忍耐了！他的心仿佛又重新回到了革命时代。只见他立时骤然站起，怒目横眉，"我是新学阀，你就是新军阀！我早年闹革命的时候，你还只是个无名之辈！无耻匹夫。"刘文典一吐胸中之快。

蒋介石也不顾形象，大声叫着，"你以为我不敢杀你吗？"

刘文典对着面前这张脸，鄙夷与愤怒凝结成了力量，把蒋介石震得话都要说不出来了，"就凭你是吗？你就不敢！"

蒋介石气呼呼地命令两个卫兵把刘文典押下去。刘文典消瘦的身体碰到卫兵冷冰的佩枪，肋骨被架得很疼，但他是不屑为此而出声的。他直抒胸臆，已了然无所畏惧。

那天的蒋介石，有没有被刘文典痛踹一顿并无人知，但很多关于刘文典怒斥蒋介石的文章里都曾提到过。经过这一场，蒋介石也终于知道，不是所有人都是他手下听话的走狗。

这是一场战斗，虽然双方并无太大的肢体动作，但无疑，这种激烈会被人记住。至此，书生不再是百无一用、任人宰割的鱼肉，他们是可以抗衡的刀俎。知识分子的独立精神被越来越多的人记住，这当属是一个新的纪元，名头便完全可以记在刘文典的名号下。

　　刘文典被关在了省政府内名叫"后乐轩"的地方，7天后被释放。这7天，他是否会想到，自己尽力维护的学生，已经被开除学籍，逐出省垣？是否会想到自己的名字也上了告示，被称作治学无方？是否会想到安徽大学，这个自己用心血浇灌的大学，就要离自己远去？

　　刘文典能被释放，得益于蔡元培、蒋梦麟、胡适等人的四处奔走，加之部分市民和学生示威，蒋介石也做了顺水人情，同意释放刘文典，但必须以他离开皖地为前提。

　　当时，刘文典执意不肯下楼恢复自由，因为他想要一个公道。自己不可以被他人说关就关，说放就放。不过，他所要的清白未必会让他满意。

　　自己要离开这个曾经劳心劳力却心甘情愿的地方，当他的身影远去之时，他留下的东西——骨气、血性……还有谁会记住呢？

　　事后，一向与蒋介石有隙的粤系军阀陈济棠，为了加强对其强烈抵抗的声势，多次来函邀请刘文典赴粤共谋大事，其酬劳足以改善刘文典生活。

　　对此，刘文典立刻将眼前的"好生活"原封不动地返还。面对眼前沉甸甸的金钱，他叹道："正当日寇侵华，山河破碎，国难深重之时，理应团结抗日，怎能置大敌当前而不顾，搞什么军阀混战？皮之不存，毛将焉附？"国家摇摇欲坠之际，国人应是站在一边一致对外的，此时为兄弟者，怎能自相残杀，自断一臂？

　　乱世军阀混战，刀剑横生。对于百姓，快意厮杀在一种抉择面前竟也成为了一种潇洒。而"识时务者为俊杰"，在此时说白了便是见风使舵。百姓在无感觉的屈服，为了活，也为了一张张诱惑肠胃的饼。

这时的刘文典，代表了少数坚守自己原则的人，这样的人才可真正称为"人"，哪怕他们经济再差，地位再低，作为人来讲，是远胜那些可怜虫的。

6. 画地且刻市

革命者大都陷过牢狱之灾，刘文典自然也不例外，他一生中，唯一一次身陷囹圄并不是在其参与革命最激烈之时，而是因他"多话"所致。往日，刘文典经常多说话、说错话，但这一次，他却尝了些苦头。

刘文典在这次与蒋介石的对抗上，从自己的角度来看，虽没受到皮肉之苦，但也被束缚了自由，往大面说，在当时的"权威"面前，他还是失败了。可他的所作所为带来的影响，是前无古人般的胜利。

当时，文人的硬气形象在刘文典的这件事上被推上了最高峰。就连他的老师，对袁世凯满腹愤慨的章太炎，都以"养生未羡嵇中散，疾恶真推祢正平"一联相赞，此足见其对学生举动的肯定和赞赏。

章太炎盛赞刘文典，另一个原因是，他本人的经历与刘文典相似，甚至于，他觉得刘文典是第二个自己。

在革命斗争中，章太炎因不满袁世凯的卑劣行径，敢于出口不逊直面顶撞，而刘文典面对蒋介石的无理要求，也敢于挑战权威；章太炎自饱读诗书后就一心为报国门，投身政治，但一直不得志，最终放弃，后来他一生潜心钻研学问，成为大家；刘文典与之相仿，一个热血青年，在惨淡的现实面前，逐渐地被迫接受，后不再参与政治，一心向学。二人经历、行为如此相近，也是他们成为师徒的另一种缘分吧。

在章太炎所赠联中的祢衡、谢灵运，都是当时的一代狂士，以不畏权贵、嫉恶如仇被世人所铭刻于心。在当时的专横统治下，他们没有卑躬屈膝，而是以口为剑，直刺统治者之心肺，让骄纵跋扈的统治者看到其以为的软弱之人的骨气。这骨气，天地日月可昭，不因几个乱贼而改变。而祢衡、谢灵运二人死后，少有此等英勇之人。

在刘文典怒斥蒋介石之后，迫于蒋介石的压力，各方舆论多有倒戈。竟然有庸人指出，刘文典斥责蒋介石并非完全在理。

刘文典的做法确实大快人心，他骂蒋以后便被带走，关进了大牢。这件事至此已不再是刘文典与蒋介石的个人恩怨了，也成了不少名士笔下对无人权社会抨击的理由。

刘文典一入狱，就掀起了轩然大波，全国都响起了"释放刘文典"的声音。虽民声不断，但刘文典并没有被马上释放。刘文典的家人焦急万分，如热锅上的蚂蚁。他们经过多方打探，连夜赶到南京，求了刘文典的旧交——蔡元培、蒋梦麟和胡适等人，请求他们在蒋介石处为刘文典说说好话。

这几人，本就与刘文典颇有交情，加之其亲眷来求，自是万分尽力。他们分别致电蒋介石，从民族大义谈到了社会责任，目的只有一个——释放刘文典。

最终，蒋介石松口了。其实，蒋介石也看到了当时局势不明，加上求情几人的社会地位不凡，公开为敌于己不利，便遂了他们的心愿，放了刘文典。

被释放的刘文典，并没有因这次牢狱之灾而有所收敛，依然我行我素。他想起狱中的生活，还放狂言称，"我一生除被一位老和尚打过，没有谁敢打我。他蒋介石虽然把我关进了牢房，他也不敢动手打我。"刘文典的愤慨，也只限于嘴上说说了，离开安徽大学，已经成为板上钉钉的事实。

思来想去，刘文典觉得中华大地只有北平还算安稳，国民党的爪牙还没有触到那里。接着，更有罗家伦三番五次的清华之邀，此时不去更待何日？没过几天，刘文典带着家眷起航北上了，在清华园里安心做起了学问，与诗书礼乐为伴。当然，他却不曾知晓，此后他将面临更曲折的命运。

胡适曾写信给安徽大学的一位先生，里面叙述道，"只因言语冲突就被拘押，却无人能以公正的待遇，控告这位领袖。领袖本应为民服务，人民会拥戴一个人格上大于自己的人吗？"胡适的言下之意十分明了，这般言论甚是激烈，在蒋介石的铁腕统治下自是不能容的，胡适也不能幸免，于是被撤职了。

鲁迅也曾撰文提此事，他亦是站在刘文典这一边。学者该有自己的独立人格，而刘文典就是其中的典型代表。"鲁迅"的笔名，让他有幸免予一劫。

文人们纷纷对刘文典予以字里行间的支持与赞誉，这大抵是他们所能做的一切。毕竟，那个时代不属于文人，他们每个有独立思考之能并有勇气公之于众的人，鲜有好的结局。时代造就了他们，也无情地牺牲了他们，如果说牺牲是改变的必然，那么当这个时代不曾灭绝，日后还会有牺牲的人吗？这是否也预示着刘文典的结局？

今时可说，刘文典是死里逃生的。蒋介石一生戎马倥偬，双手血迹斑斑，却没有杀刘文典，即便受制于形势所迫，民众请愿，社会舆论，但生杀大权还是在他手里，他硬要拔刀，谁能阻止，谁敢阻止？社会舆论可怕，民众压力可怕，当代名士可怕，却都没有统治者的子弹可怕！

可以想象，如果每个人都有刘文典的一半气魄，社会早就干净了，虫子早就死光了。我们并不知道刘文典在狱中是否感到一点害怕，但可知道的是，他在与蒋介石针锋相对前，就料想到了最坏的结果。后来他曾与好友冯友兰谈话，其中透露了当时他已做好"留取丹心照汗青"的准备。一向把学问看重的刘文典说过，自己死了，这门学问就没了。而那个非常时刻，他竟也顾不上这么多了。

蒋介石未动刘文典，却有强令，这虽让刘文典同样很难接受，可除此之外，他还有别的选择吗？文人是要爱惜自己的"羽毛"，可更要保存性命吧。

7. 远赴别安大

天下终没有不散的宴席。但很多时候，在离别中被赋予的伤感，确确实实让人觉得残酷。人力在时势面前还是渺小的。如果可以的话，那么多离别的诗句就不会在青史中垂名了。"柳条折尽花飞尽，借问行人归不归。"在现实中尽力了也不算遗憾，但这一走，"行人"的结局往往是不会再归来了。

其时，刘文典的治校之路已走到了尽头。允许他被保释的最大一个条件，就是必须离开安徽。自己的故乡，也许他还来不及好好看一眼，就要走掉了。

即便刘文典心中再狂妄，这对他来说也太过残酷。对刘文典来说，背井离乡，颠簸上路，不能再回到家乡的现实，已是一个极大的惩罚，加之自己呕心沥血经营的学校，刚刚有了些起色就要离开，于他也是不能接受的。不能受亦要受，他必须硬着头皮，把自己的血刺亮于世人。

走就走，走又奈何，中国如此之大，难道还容不下一卷书吗？广厦千间，夜眠仅需六尺，家财万贯，日食不过三餐。只是，在走之前，他还要看看这所学校。

刘文典的满怀抱负，施展了远不及十分之一。家乡的教育，他本想一直扛在肩上，但此时不得不放下。虽心有不甘，他也无能为力。从革命开始，他便一心为民，无奈周遭的压力几乎将其压垮，他抗衡过，甚至头破血流，这一次，是真的敌不过了。满心的愿景还没有实现，他却只能离开。

那些日子的夜晚，刘文典是难以入睡的吧？刚建校之时，四处奔走讨要拨款的情形还仿佛就在昨日，但再过几日，这些就与他无关了。

他不想记起，但有人不会忘记。在学校建立初始，在既没有资金又没有师长的时候，刘文典和众人承受了心理和身体的折磨。那段岁月，他们夜不能寐，食不甘味，一起去筹备资金，向政府慷慨陈词。他的狂傲，在那时也陡然不见。

说刘文典狂，也是限于某些事情上的，比如关于道义，以及民族生死的大事。他狂得有理，不该狂的时候则会十分冷静，完全变了个人，就像请求宋子文时，他会收敛起自己的本性，没了强硬之态。

安徽大学成立、逐渐步入正轨时，真实的刘文典再次重现，继续着桀骜不羁、放荡形骸。

刘文典看着风华正茂的学生走进校园，意气风发，心里有说不出的高兴，他们是祖国的希望啊！什么政治旋涡，什么政治手腕，全然狗屁不值！

他应该也会怀念校园里的桌椅，因为那都是他一笔笔艰难的筹款所购。每天，刘文典办公室的桌椅都是冰冷的，没有人的体温——刘文典大多数时间不是在讲课，就是在路上。他将自己的时间都贡献给了这个学校，甚至连自己喜欢的读书、做学问都暂且放下了。

也许，他更应该怀念的是校园午后的阳光，虽然他还来不及多看一眼。那段放下兴趣专注于校务，专注于学术研究的恬静时光一去不复返了。

他还应该多想想学生们的笑脸，一句句"刘老师""刘主任""刘校长"，如此亲切而真挚。这段与学生亲密接触的光阴，让刘文典看到了纯真，没有战场的硝烟弥漫，没有政治旋涡里的尔虞我诈，有的只是对知识的向往，对革命的渴求，对报国的激情。

转瞬间，刘文典想到即将再也看不到这些，便有些动情。他在回忆这一切时，时常感到疲惫，大业未酬，壮怀不得舒，他的眼睛微微有些酸涩，有些潮湿。

安徽大学的第一任校长，在短短的任期内并没有积攒下太多行李，带走的不过几件衣物，几床被子和一些书籍。刘文典该带走什么，又能带走什么，他留在这里的东西太多了。

如果说，对抗蒋介石让他有过后悔，那他也是后悔因自己的差错亏欠了安徽大学。在没有实现学生们对他的期望之时就离开，这让刘文典感到愧疚。

他在给好友胡适的信中说，这次回来，就是在自己家乡上犯了大错，害了自家的子弟。我自己身败名裂并不让我觉得有什么可惜，只是学校的事，"被我误尽了"。呜呼，刘文典的话让人五味交杂。

胡适在给刘文典的回信中，也交代了让他切要想得开，这事于谁都做得没他好。

刘文典即将启程，去另谋一份职，另安一处家。

那些在风潮中被勒令开除学籍的学生们早就离开了这里，此时不知在何处散落着，未来等待着他们的又会是什么样的命运呢？即使无史可查，但可揣度出，刘文典必定是牵挂他们的。而校园里的学生，更是让刘文典迈不开离开的脚步，读书声，声声入耳，汇于心上。

刘文典在走之前，特意给学校留函，告诫众师生，"安心向学，努力教务"。这几个字，包含了他多少的不舍与无奈。

既然有了选择，就总是要走的。刘文典在世人心中是狂傲的代表，他一生中少有柔情，相信安徽大学一定是他值得投下柔情的一处，我们已无从考证他离开安徽大学时的情景，但相信，他那时必定是含着泪的。

在安徽大学的情景，是刘文典这一生中仅有的一次——离开政治、离开学问的时光，这也是他一生中最繁忙的一段时光。

刘文典本不应该是行政管理的一把好手，但在安徽大学的创办时期可以看到，他处理校务有条不紊，件件事情做得利落而干脆，倒叫人有些不敢相信了。而此后的刘文典，再也没有类似的经历，他将自己放逐于学问上，无论在哪里任教，都不再管理学校事务，就连主任之职也只是挂着而已，也许，安徽大学是他心底的一块伤吧。

第七章　南下逃亡路

1. 死者长已矣

在刘文典失意的时候，家人的默默陪伴给他增力不少。离开安徽大学对他来说，是一个十分沉重的打击，但他在与现实的对抗中并未就此消沉下去，这与刘夫人和他孩子的鼓励不无关系——他们给予刘文典的无形力量是无法言喻的。

于是，刘文典再次回到北京大学任教。在他离开安徽大学、迷离之际，陈立夫和蔡元培曾上书蒋介石，力荐赋闲的刘文典担任教育部部长一职。不知蒋介石是否会同意，但刘文典在其做出决议前便断然谢绝。他的理由是，"只有终身之教授而无终身之部长"。

在回到北大的第二年，清华大学新任校长罗家伦颇为赞赏刘文典的能力与品格，聘请他为清华大学国文系教授，如此，他便兼课北大，身子则去往清华就职。在此后的一段时间内，他与这所园林般的大学结下了极深的情结。清华大学也因他的到来，多了几分轻快的气氛。

这也源于他对抗蒋介石的壮举流传甚广，学生们都想看看这位文人界里的"武人"是个什么样子。

百闻不如一见，刘文典没有什么三头六臂，可身上却有不凡的气息。

刘文典早年的笔名"天明"，其时他著下的文章已初露头角，纵论天下，豪气干云。读者们读其文，便联想着此作者会是怎样一位高大潇洒的青年才俊。而《新青年》里"刘叔雅"清新亮丽的文笔，也似乎勾勒出了一个风流倜傥的俊逸形象。这天，清华园里都讨论着这位大名鼎鼎的刘教授，迫不及待地想一睹其风采。

说到这里，或许是十分有趣的。刘文典到校以来的第一堂课，是在清华园里的国文班，据说是三园七号教室。这天，教室里挤满了人。那时的学生是十分期待上课的，课堂上发生的事都会成为他们一天的谈资。铃声一响，学生们齐刷刷地眼瞧教室门。

只见，门外进来了一位并不像教授的先生，当时的学生稍有失望，满足了好奇心之后，便是一阵惊叹：这与从前多次猜想的那一个形象全不相同。他破旧的长衫在他的身体上似乎更长，面黄肌瘦，并无文章中的神采。小眼镜后面的眼睛透露不出什么"知识的光芒"，这与清华大学一众翩翩君子般的教授相比，起码外表上来看便大相径庭。

据其中一个学生所记："四角式的平头罩上寸把长的黑发，消瘦的脸孔安着一对没有精神的眼睛，两颧高耸，双颊深入；长头高兮如望平空之孤鹤；肌肤黄瘦兮似辟谷之老衲；中等的身材赢瘠得虽尚不至于骨子在身里边打架，但背上两块高耸着的肩骨却大有接触的可能。状貌如此，声音呢？天啊！不听时尤可，一听时真叫我连打了几个冷噤。既尖锐兮又无力，初如饥鼠兮终类寒猿。"

此话若以白话解之，恐怕少了半点意思。当时的学生观察之深刻，实在叫人拍案叫绝，这段外貌描写也称得上惟妙惟肖了。

刘文典其貌确实不美，他的长衫不如几千年前的美人徐公的衣服华美，倒像是鲁迅笔下的孔乙己般寒酸，这让一些人十分失望。

然而，当这位外表寒酸的小老头一开讲，那些有些许失望之意的人却不由得惊叹连连了。这位教授的课，与他的形象是截然不同的，甚至是不同寻常的。微弱尖锐的声音初听刺耳，听其内容却让人真正了解了何为真正的教授，真正敢独自对抗权威的勇士。双眼半眯半睁之间，学生们已经听得无语可讲，唯有击节赞赏，依照先前的"见面"衬托，此时倒颇有振聋发聩之意。

刘文典在清华校园，亦成为了一道人人观之的风景。他与这个时代，正如其前半生的跌宕起伏一样，一波未平一波又起。

1931 年，这片曾经站在世界顶端的国土，在世界大背景的风云变幻中已遍体鳞伤，而此刻又是如火上加薪一般。这一年，发生了震惊中外的大事件——"九一八事变"。日军的借口毫无掩饰之意，径直地发炮，这一炮，打响了日军侵华的战争。

回到这个时刻，国民政府的拒不抵抗和学生们的热血请愿俱成亮点。蒋介石的功过至今亦无定论，而千千万万的学生走出校园，走上街头，以命死谏，此强烈的爱国热志对于近代中国大众习惯性的妥协来讲，实属不易。可也正因如此，很多悲剧也似乎不可抗拒地上演了。

彼时的中国，学生的请愿在这场浩劫中占了很大比重。而全国教育方面的魁首，当属北平。这一被国外称作"中国的波士顿"的城市，自然也大规模地爆发了学生运动，面对政府的不抵抗政策，他们迅速开始了请愿狂潮，且大有一浪高过一浪之势。

青年学生们血气方刚，在国家沦难之际，他们也确实拿出了早该有的勇气，只是在面对突发事件时的思考或还并不全面。但平心而论，他们当时这股血气，是比什么都重要的。

为了激发国民政府将枪口对外，北平爱国青年学生们发起了卧轨请愿，为了救国，他们连自己的性命亦顾不上了。这并不是一个人的斗争，每个学生、青年，后面牵扯着为人父母的心。是时，激情与温情并存，两方凝聚成一股强大的力量。

这时的刘文典，在授课、校勘，他和所有教授一样，都在尽力把自己的知识灌在学生的脑袋里。而已为人父的他，在这样的狂潮之中，更是思心想着儿子的安危。

在辅仁大学读书的儿子，面对国难之际亦奋不顾身，这对刘文典是莫大的欣慰。但同时，他也极担心爱子的身体状况，在严寒刺骨的天气里，学生卧轨请愿，这从生理方面来看是极不可取的。当时的医疗水平不高，风寒也可取人性命。想起寒冬腊月在外的儿子，刘文典自是十分焦急、担忧的。

还在思索着眼前与过往时，刘文典未能等来儿子与往常一样的书信，而是收到了他第一次深感切肤之痛的消息。

噩耗的到来，让人无法阻挡：刘文典的长子在这场请愿中，身体不堪重负，年青的性命就交付给了时代的召唤。那段岁月里，每天都有灵魂离开，而这对于每一家，每一人，都是残酷的考验。

刘文典可能没有落泪，在人已经痛断肝肠的时候，眼泪似乎也在体内消失得无影无踪。悲痛万分——人类的语言至今也没有能完全诠释此心情的。丧子之痛，畜亦为鸣，亘古以来的悲剧程度莫过于此。

在此后的几十年里，刘文典一直都以自己的方式参加着革命，不知道这与他努力完成儿子的心愿有无关系，但有此般经历的刘文典，手刃血仇的心一定是坚定的。面对丧子之痛，他怎么能消化？或许唯有将其转变为比一味悲痛更有意义的事，他的心才安稳些。

刘文典对日本侵略者的恨，基于自身，基于民族，"恨"字无法概括，但此后凡上课，他都会对学生们讲一讲国家形势的危险，讲一讲日本对中国的狼子野心以及国家的历史背景，唤起学生对日本的研究和了解。

知己知彼，为战者不得不察者。对日本若毫无了解，胜利会越来越困难。刘文典开始夜以继日、不知困倦地翻译日本的有关资料，此时是拼了性命的，为了儿子，也为了同胞。

作为一个父亲，儿子的离去会让人激发出无法想象的力量。这一次，刘文典又经过了一次蜕变。尽管这蜕变是他极不情愿的。况且，这不是向上的变化。他自此虽不至心灰意懒，但对生活的态度——可观的一部分，是很有仇恨的。

大背景下的小悲剧，概率会或多或少地摊到每个人身上，而我们该怎么做？刘文典选择了继续斗争，哪怕心已痛碎，脑子也不能停歇。日复一日，父子之情，来世亦续，请等待我了。

2. 文人惜羽时

论到文人气节，刘文典是会常被世人挂在嘴边的。

1937 年 7 月 7 日，震惊国人的卢沟桥事变全面爆发，这国之难、国之殇，带给了千百万人以苦难，当时的学术教育界也同中国一样遭受了大创伤。卢沟桥事变爆发后仅半个月的时间里，华北的要地北平、天津便相继沦陷。

同年7月，国民政府出于保护国之栋梁的意图，出台政令：命令当时的清华大学、北京大学、南开大学三所高校的教职人员和学生快速撤离北平，离开战事之地，南下前往长沙建立长沙临时大学，以育后人。在此存亡之际，三所高校接到命令后纷纷撤离南下，一同前往的还有一众跟随者。

当时，身在北平的刘文典家眷较多，加之前段时间痛失爱子，要打理的事必然繁杂，他便未能赶上南下大军，在此境况下被困于北平城内。

16岁就外出求学、历练人世的刘文典，遇上国乱，思考得也就更多。他预判到这仅仅是一个开端，未来的北平，未来的中国，会生起更多事端。也许，对于这个以"狂人"著称的文人，他想要的也只是一方安静，安心做学问，可当时的中国却唯独容不下这一方清宁。被困于北平的刘文典，安静地等待着他的命运。

每当世之动乱，总有这样一批人，他们像翻书一样，翻过平生所学，免自己予皮肉之苦，抛国之义于不顾。当时的北平文人里，除了南下的、归隐的，北平城里变了节的读书人也不在少数，周作人便是其中之一。

当时的刘文典在北平名气很高，周作人也赞过他的才学和研究。周作人见刘文典还未离开，便替日本人多次上门。起初，周作人还闲聊家常，谈些文人墨士之事，时日一久，便显露出了他的真实意图——日本人的说客。

一日，周作人又来到刘文典位于北平北池子蒙福禄馆三号内的家。他劝说刘文典，你早年留学于日本国，精通日本语，现在要是能在日本政府里任职肯定会得到重用，做得风生水起，这样也可以安心做学问了，何必抱着死脑筋过活呢？应当效仿前人，当识时务者。

刘文典并未接茬，只是目光更加锐利了，等周作人再开口劝说他时，他怒气一起，愤然说道："国家民族是大节，马虎不得，读书人要懂得爱惜自己的羽毛！"周作人就这样被逐了出去。

对周作人这个同僚，很多人说刘文典是愤恨的，恨他的懦弱，恨他的叛国，这些情感都夹杂在刘文典心中，但他同样也是痛心的，堂堂大中华教育出的文人，竟然在国家危亡之时抛大义于不顾，甘当走狗，这结局既反了国、反了人，辱了一个"文"字，最后也只会落得"烹"的结果。他为有这样的读书人而心伤、惋惜。

刘文典也从此窥见了日本人的心思——日本人需要找个文人当傀儡，他们要迫害更多的中国士大夫，让文人从自古重义节的情感外谋得另一个出路，他们要驯养中国文人，此可见其野心之大。

远山纷飞战火的背后，只看见刘文典脸上微微的颤动。

周作人走后，刘文典每日于家中与在校时无异，读书、看报、做学问，静候着命运强加于他的一切。

不出几日，日本人见周作人无功而返后，便忍无可忍。既然软的不行，便要让你吃点苦头！日本人派出宪兵硬闯入刘文典的居所，将屋内屋外翻弄得乱七八糟。看到蛮横的日本宪兵，刘文典并无多言。

他身着袈裟，静立一旁。一边的日本小头目找刘文典来问话，但无论对方说些什么，刘文典都不出声。见刘文典如此傲慢无礼，不言不语，小日本发了怒。宪兵们变本加厉，将刘文典的书籍翻得七零八落。

眼见自己珍藏的典籍被散落在地、随意踏之，隐忍的刘文典十分气愤，但痛心愤恨之时也只是怒目而视，仍咬紧牙关，一言不发。

后来与人谈及此事，被问到为何不反驳日本人，刘文典说："国难当头，我以发夷声为耻。"铁骨铮铮的刘文典可见一斑。

这便是中国的文人气节，见书于遍地，他痛心，见国之疆土受人鞭笞，便更是要了他的命。他是文人，他爱书，但更爱他终身所学的国之大义。

日本人在刘文典住所搜查栽赃无果后便离开了，刘文典知道，这只是一个开始。夜中，他辗转反侧，难以入睡。

随着日军在中国大地的大肆掠夺，驻地不断扩张，日本人的冀东防共自治政府在北平成立了。这无疑又是给担心中国国运的人一记重创，中华大地轰隆之声一片，一副雷雨前夕的模样。

正在叹息之时，刘文典的一位堂弟——刘管廷喜滋滋地来到了他的家中。刘管廷眉飞色舞地向刘文典介绍起了自己的新工作，在何处办公，有哪些便利，畅想着以后的晋升之路。刘文典见自己堂弟一副"卖国者"的嘴脸，更是气愤。在旁人眼中，这个在新成立的政府里谋得一个好差事的堂弟，应当是前途无量的，巴结还来不及，但刘文典见之一副喜不自胜的自贱表情，只感叹自己如何会有这样的亲戚！

当日，讲完了自己的"宏图伟志"之后，刘管廷准备为新职位好好庆祝一番之时，刘文典以生病为借口，拒绝与之同桌而食。其后，他更是让人带话给刘管廷，"新贵往来不利于著书"，从此与他断了联系，其决绝不可不为刚烈！

后来在与友人的叙述中，刘文典声词严厉，自称不愿看到"亡国奴"的嘴脸。从他对待这位堂弟的态度，也显出了他作为一个中国文人对所谓前途的"鄙夷"。

日本人威逼利诱不成，便开始监视刘文典的一举一动，事无巨细。刘文典白日忧思重重，晚间辗转难眠。经过几日的细细思量，他决定南下，去找自己的良师益友，和中国真正的文人在一起，远走他乡，避开这个是非纷争之地。可离开谈何容易？被监视的刘文典寸步难行。

难行亦要行，经过多日思虑，他制订了南下方案。

正如他所说，"读书人要懂得爱惜自己的羽毛"，他在战火纷飞中保护好了自己文人的羽毛，使它免予肮脏叛国勾当的污染，保持着自己的干净。

在 1937 年的中国，刘文典见到了太多流血，但在血泊中他始终没有丢掉自己，没有丢掉一个文人本该有的血性。

3. 辗转寻挚友

在中国的历史上，值得称耀的是对知识的渴求从未停歇。古往今来，即便是在战火纷飞之时，国人也不忘识字、读书、懂大义。纵然在国难之际，教育之火也从不曾熄灭。在那段逃离的日子里，上千公里的路途，背负着东西却并不感到沉重。一步一个印下去的脚印，是中国的骄傲。但这步履，这路途却异常沉重、漫长。

此路程的艰难和壮举已不需赘言，国内最顶级的三所高等教育学府的联合，确实堪称奇迹。不过，眼前的问题也比比皆是。由于南迁时间紧迫，校舍的问题自然很是恼人，况且不少教授还没有及时到此，学校的正常秩序也就不能当即恢复。

是时，外面的环境危机重重，性命或许只在弹指一挥间。大家聚在一起还算安全，而由于种种原因落单的教授们，到此地的路是要比之前的师生大众更难走的。

刘文典迈开他并不轻松的步伐，又去承担他极不轻松的责任了。在清华大学师生到达昆明后，身在北平的刘文典再也坐不住了。教育事业，于他而言万分重要。而自己的爱国情志，也让他觉得有必要面对前方的凶险。学生们已经到了，为人师长的自己怎能落后？多年的教育经历，让刘文典离不开自己的学生，也无法割舍对教育的情愫。

刘文典辞别家人，孤身上路，他不想带着家人在前方危机四伏的路上冒风险。妻子所在的北平形势不容乐观，长子不久前刚刚离开，自己的小儿子只能靠夫人照料，年迈的母亲仍独守寒居。刘文典这段时间每走一步，心里都如刀绞。

刘文典的内心有说不出的难受。自己兼着多重身份，儿子、丈夫、老师、国人。不得不抉择的时候，该抛弃什么，又能抛弃什么？而自其从家门口迈出第一步的时候，他就已坚定地做出了抉择，这段路程中的痛苦、压抑，也唯有他自己了解。

一路上，刘文典只背着一个小包袱。他的长衫不再干净，整个人也像是从沙子里钻出来的，灰头土脸。他的头发凌乱，眼睛更少了精神。多少天的风餐露宿，让刘文典本就瘦弱的身子更显嶙峋，外貌看起来与逃难的流浪汉一般。身上所带的一点干粮，也难以填饱肚子。一个弱小的老头在路上颠簸着，小包袱服帖地伏在肩头，前方的道路好像摸不到边，越来越远。

那时，随时可能发生教授在某处遇害的惨剧，日本人的确没有辜负他们"小鬼子"的名号。这时抬起头，看见的便是寒星。

愁云惨淡，不是在眼中，而是在心里。刘文典举头并不见月，稀稀拉拉的什么点缀着幕布，总是让人感慨。自己于此，要如何得偿一世的本意？付诸纸笔，亦如眼前所现：

胡骑满城天地闭，风尘颍涧窜要荒。

三边鼓角声犹壮，千载文章志未偿。

新梦迷离思旧梦，故乡沦落况他乡。

舻棱回首知何许，万里秋山路正长。

脚下的路还在延伸，哪怕它漫无边际，心中还存留着灯塔，身体的支配早晚会回归港湾。刘文典无数个夜晚在沉思中睁开双眼，继续他的使命。天总不负人，他这长久的压抑旅程也终有终点。

1938 年 5 月 22 日，刘文典终于到达满载希望，令他魂牵梦绕的"西南联大"（国立北京大学、国立清华大学和南开大学三所著名学府联合而成）。身为清华大学校长、西南联大校务委员会常委兼主席的梅贻琦，也同样牵挂着许久不曾归来的教授文人们。惺惺相惜的，不只是同为一派的互相吸引，更有事从一门的同事情谊。再则，那便是出于国家前途，望英才汇集，不流落他乡再遭事端的担心了。梅贻琦见到刘文典的一刹那，心情顿时放松了许多。

面前的这个形容枯槁的人，该是历经了怎样的磨难啊！而今总算安全抵达，梅贻琦听到刘文典的声音时，他的双眼突然因控制泪水而变得酸痛起来。两人的手紧紧握在一起，一向内心坚毅的刘文典也很难控制自己激动的心情，眼睛憋得酸痛。

旋即，刘文典马上请命，希望梅贻琦马上给他安排课程，他希望更快地投身到教育之中，展现自己的价值。梅贻琦听见他这么说，内心交织着感动与爱惜，这是怎样一位不寻常的文人！

西南联大稀缺的校舍，让这些名闻天下的大教授们都挤在了一起，这是怎样的风景！刘文典这一夜睡得很踏实。这是一片属于自己的天空，哪怕它很小，也并不完整。

到达了昆明，刘文典的路还没有彻底结束。西南联大文法学院设在蒙自，那一点路程，相较于一路的艰辛，已是小巫见大巫了。一天一夜的路程，刘文典很快到达了那片领域，再次开始了属于他的生活。

经安排，抵达蒙自的刘文典住进了歌胪士洋行。歌胪士是个洋人名，此洋行的条件却并不见得多好。值得欣喜的是，刘文典和自己素来敬佩的陈寅恪住在一起，同住的还有闻一多等人。此时，他的心情终于有所缓解，但可想而知的是，一群男人住在一起，生活也是不好过的。

此地有集市，集市有菜蔬。菜蔬入嘴，平淡无味，这便是刘文典的感受。他历来觉得应持各司其职之道，现在确实是没法料理生活琐事，即便他在学问上名满天下。同住的其他先生们吃着可口的饭菜，刘文典不得不为此雇了一位当地的男佣，让他来帮着料理。

而所谓料理，基本就是付之以财政大权。刘文典素来不会算计生活琐事，现在却也终沦落到揭不开锅的程度。一次，他不得不向老朋友李广平"索求资助"，李知道了也是笑着答应，及时送去钱财给老相识应急。

那段日子，刘文典的生活还算平稳，即便国之大境不得安宁，却有一隅安养其身心。只可惜，他半辈子的心血，那些珍贵的藏书、手稿，终是在他的担心中丧失殆尽。他坚守着他的文人气节，但这所带来的痛苦也让他刻骨铭心。

当妻子张秋华携小儿刘平章启程南下时，他在担心家人安全之际，也为那些书稿的命运担忧。此前，按照刘文典事先设计好的路线，张秋华先是到香港。刚好刘文典有个姓马的学生在香港中文大学教书，出于好心，他给师母张秋华一个建议："日军的战火一时也烧不到香港来，不如将这些图书暂时就放在香港，等你们到了云南稍微安顿一下，再来领取这批书籍、手稿也不迟啊！"

张秋华思来想去，在眼下这种情况下也并没有更好的办法了，也就委托了他全权保管，安置这批书籍和手稿，自己就带着小儿先南下了。没人会想到，驻守香港的英国军队那么不堪一击。他们的无条件投降让中国损失惨重，其中就包括刘文典心头所系的那些书籍、稿件。刘文典做梦都料想不到，他此生将无缘再见它们。

刘文典面对这样的现实，也是无可奈何。史料虽重，也不及国之命运之重，他当前要做的，是收拾好心情，把学识尽输于年轻的学生，让他们成为自己那些史料的真实"化身"。

4. 先怀哲人思

中国，日本，是在世界格局中占有重要地位的两个国家。早在西方民族还远没有崛起之时，东方的神秘大国已历史性地与相邻岛国开始了往来。日本能从一个条件、政策并不优越的小国一跃成为精悍的强国，在某种程度上，与中国也颇有关系。在与这个拥有深厚文化底蕴的古老民族的交往中，日本人学会了很多也许他们本要几百年后才会了解的东西。

时光荏苒，两国的关系与地位发生了巨变，这样的结果，让中国人不得不细细思考。

曾经，无论在任何方面都占有绝对优势的中国，在近现代被日本奴役，节节败退。一瞬间，被冠以"亡国奴"一称的物种越来越多地行走在中国的大地上。安于现状的嘴脸在这时是可憎的，鲜有人会思考，为什么成了这个样子？

一些志士仁人用心揣摩了这个问题，最后得出的结论是：对日本的不了解，导致拿不出正确的措施来应对。研究日本文化，是当时中国的急中之急。然而，革命者还沉浸在革命的斗争中，并没有将研究日本、了解敌人提到日程上来，同样也没有真正将它付之于行动之中，反而有人还将此等事情称为"无用之功"。可想而知，一众国人之想是何等愚昧。

刘文典身在日本之时，就感受到了与中国截然不同之处。他很早就认识到，对日本的研究是早晚都要进行的，他对此颇为留意。

后有学者曾评价刘文典，"然尚有一事更可以使我们对于刘先生表示极大的敬意的，就是刘先生爱国心的热烈，真是校内无二人！去年长城战事闹得极凶的时节，刘先生每次上国文班，必花一部分的时间，哭丧着脸向我们申说国势的阽危，并且告诉我们赶快起来研究日本。"这应该能作为刘文典倡导学者们研究日本的证据了。

刘文典身体力行，顶着压力，开始了他对日本的研究与思考。

在 20 世纪 40 年代初的《云南日报》上，刘文典曾发表过一篇《日本人最阴毒的地方》的文章，"日本人可恨，这何待多说"。这并不是一篇对日本如泼妇般辱骂与抨击的文章，其有一针见血之处。

　　与大多数中国人的想法不同的是，刘文典虽然因日本在中国土地上屠戮生灵、罪恶滔天的行为而愤恨不已，可他经过深刻地剖析后认为，日本人真正让人切齿的地方，除了屠杀焚掠、毁灭中国人民的肉体和有形的财物之外，还费劲气力地要把中国人的精神碾在脚下。无数的汉奸、亡国奴在日本人的逼迫下出现了，这让变态的日本人真正地感觉到了胜利的滋味。

　　刘文典对日本的研究的确入木三分，他并没有只着眼于眼下，而是从中国国民的长远幸福来看。正是因为始终无法正视日本，才会让中国险些坠落万丈深渊之中，此足见研究日本的重要性。

　　知己知彼，百战不殆，对于这场民族之间的战争来说，更是如此。那段岁月里，不少国人所接受的礼义道德的教育都在枪炮和刺刀下，显得那般战战兢兢，一些意志动摇的国人更是纷纷加入敌人的阵营，助纣为虐，脆弱的生命就这样接连消逝。

　　战火轰隆，刘文典自不是投降的那种人。就算形势再严峻，更多人都选择躲避，他也依然站在中国政坛大声疾呼。

　　刘文典一生曾先后三次到达过日本，逗留时间不短不长，他对这个地域面积狭窄，物资贫瘠的国家有着深刻的认识。20 世纪 30 年代，他对这个岛国的先见之明就已凸显出来。

　　他执笔撰写了不少的真正剖析日本民族性和政治野心的文章，提醒广大的中国同胞们，“我们的近邻有千万饥渴的虎狼，七八十年来，昼夜在打主意，要吃我们的肉，喝我们的血”。可惜，这样的疾呼似乎并没有让国人真正察觉到随时可触发的危险。为此，刘文典只能坚持着把他对日本的见解说出来，以此呼吁民众早点意识到毗邻的思想和威胁，不做奴隶。

　　那一时期，刘文典的生活里除教学任务、学术研究，就是"日本课题"。他常常彻夜不眠，就为翻译日本陆军大臣荒木贞夫的《告全日本国民书》。在这本书中，日本人的尚武精神被解释得十分透彻，而他们对于中国的野心也昭然若揭。刘文典比较了解日本，他希望通过日本人的著作，更明确、具体化他们的未来之路及对中国的终极目的。

　　努力终得回报，刘文典夜以继日的研究，使得其之于日本的见解有了更多的依据，也更能为中国革命者指引方向。

　　《告全日本国民书》的作者荒木贞夫，是日本皇道派的领袖人物，他一直在日本扮演着陆军大臣的角色，他在推行日本的法西斯化的进程中起到了不可磨灭的作用。而在震惊中外的"九一八事变"后，他用手持战具的手写成了这本宣战的宣传册，向全体日本国民和世界人民灌输其可笑的所谓"拥护世界和平""无可伦比"的道德观。这样荒唐的欺人理论，被刘文典一眼识破。

　　在可笑的宣告书里，荒木贞夫还公然地宣称，"我们的奋起是要为贯彻皇道的，是要把这个大道德施行于全世界的。我军将士，心里热烈地怀抱着这样的大信心，所以在将死的时候高呼'天皇陛下万岁'，做出世界各国都惊讶的举动来。"如他所述，日本侵略中国土地，进军中国东北，是在推行"皇道"，是在守护东亚的和平。不但不是罪恶，反倒有了功劳。这种日本与生俱来的无耻，在智者眼中倒很显滑稽的。

　　读过此书，刘文典就知晓了其中的利害，他拼尽全力将这本书翻译成了中文。正是因为及早看破，才急着把其中原委告诉每一个中国同胞，不要听信财狼的鬼话，不要被日方所迷惑。

　　在书籍翻译之时，刘文典如是说，"自从沈阳的事变发生以来，当局和民众把日本误认为一个欧美式的现代国家，以致应付无方，把国家败坏到今天这地步，推原祸始，全是由于对日本的认识错误造成的。然而，人们从今天起痛自悔悟，也还不算过迟，所以我以一个学问知识思想都落伍的人，凛于'侨将压焉'之惧，把那些支离破碎的线装书暂且束之高阁，来翻译荒木贞夫的这部书。无论大家怎样的不了解日本，不肯了解日本，我总要尽我的微力。"

直到翻译完了这本书，对刘文典"长他人志气"的评价还是不绝于耳，但真正的有识之士，对其所作所为无不深感钦佩。

1933 年 5 月，《告全日本国民书》的中文译本由天津大公报馆正式出版，书名正是由刘文典的老大哥胡适题签的。

刘文典完成译本后，国人才真正有机会洞悉对手的意向和野心。在日本政府对自己的举措扬扬自得时，他们并不知道，自己所密谋和毒害的中国人正在悄然醒悟，中国人也从这时起开始越来越多地了解了外敌的情况，这也是中日之战中，中国人民最终取得胜利的原因之一。

5. 所思在岛国

在中国抗击日本入侵的过程中，民众参与的斗争分成了两部分。一部分是由战士组成的，他们杀敌救国，将热血和身躯化成构建新中国的砖砖瓦瓦，他们不畏惧死亡，他们的牺牲重于泰山；一部分是由当时的文人革命者组成的，虽然他们肩不能扛枪，手不能负弹，却积极地在双方战场的后方抵抗着，即使他们没有流血，也一样付出很多——用自己的思想和头脑武装着中国民众，教会他们反抗。

刘文典，自然是一位以笔为枪的战士。

在中日战争愈发激烈之时，他一方面积极鼓励大众，站起来做有血性的人，而不是汉奸和走狗，一方面加紧对日本侵略中国的思想予以研究，希望能从根本上找到解决问题的方法。

在日本侵略战争开始之前，对于日本，刘文典内心的情感是多元化的，即便深知日本对中国的野心，但他的头脑也并不发热，毕竟不是所有日本人都是人们口中的魔鬼。

1936 年春，据清华大学教授的休假安排，刘文典只身前往日本，于大阪等地开展访学活动，途经奈良时，日本著名遣唐留学生晁衡之墓映入他的眼帘。

悠悠数百年，世间事真是变幻莫测。曾经，中国与日本宛若师生般亲密，尔时，当初的那般亲密居然会是一种伤害。究竟，以前天朝对日本岛国的帮助是对是错？此行中，日本静安学会等同人对刘文典颇为盛情，就像是几百年前的中国与日本的关系一样，这让他不禁心潮翻涌，异常澎湃。

读骚作赋鬓华生，又访奇书万里行。

舟过马关魂欲断，客从神户自来迎。

既知文物原同轨，何事风波总未平。

记取今宵无限意，长期相敬莫相轻。

此次日本之行，刘文典做了这首诗来表达自己内心的复杂情味和感世伤怀。

"文物原同轨"，中国、日本本就是兄弟民族，何至于此时的"风波乍起"呢？

西南联大时期，刘文典因失去长子而意志消沉，无数心头萦绕的悲哀让他始终不得释怀。他不好酒，但正是这段时间，他的酒量似涨非涨。每天，他看上去都颇有醉意，但这似乎只在表面。悲伤之余的他，把心思全放在了天下大势、中日关系上，对于日本的近况和作为，其无不烂熟于心。

刘文典对日本的思考持续了大半生。在《中央日报》《云南日报》等报刊上，处处留下了他颇有远见的笔记。《天地间最可怕的东西——不知道》《日本统一世界思想之由来》等，都深刻地剖析了日本人的民族性行为。日本对华的野心早已持续了数年，刘文典对此的洞悉之深无可辩驳。

而立足于现实上，《对日本应有的认识和觉悟》《第六纵队》《美日太平洋大战和小说》等文章为证，也可见刘文典颇有战略家的风范。不只是本国，他的眼光也放在了大洋彼岸。在中国革命如火如荼地进行之时，他国也有深陷于水火的人民。日本四处树敌，刘文典早已料想到，总有一天它会失败。

此貌不惊人的岛国，"立国的精神和世界各国根本不同"。当时有一种看待日本对外扩张的说法，认为"日本在几十年前既受西洋各国的压迫，又觉悟西洋科学和近代典章制度之完备，所以发奋图强推翻幕府，变法维新，他的国家富强了，于是向外发展，侵略中国"。此言论在当时得到了大批拥趸，但此列唯独缺少刘文典。

1942 年 11 月 8 日、9 日，刘文典在《中央日报》上发表了《天地间最可怕的东西——不知道》一文。

> "天地间最可怕的东西是什么？是飞机大炮么？不是，不是。是山崩地震么？是大瘟疫、大天灾么？也都不是。我认为天地间最可怕的，简直可以使整个世界、人类、全体归于毁灭的，就是一个'不知道'。因为任何可怕的东西，只

要'知道'了就毫不可怕。"

这一说法直刺中国的要害。其时，中国对日本的认识确实与"不知道"无异。但日本也并不知道，它是无法在中国站稳脚跟的。

"不知道"在一段时间内击败了中国，但一旦人民了解了、知道了，日本就只有走败仗这一条路了。这也是刘文典在中日战局中一直坚信的。他认为，无论眼下中国的情势多么危急，也必能化险为夷，而日本终究要举起降旗的。

同年 12 月 30 日、31 日，刘文典又在《云南日报》上刊发《日本统一世界思想之由来》一文，另辟蹊径地指出："日本是先有并吞全世界的野心，后才有推翻幕府，明治维新的事。他是为要统一世界，才肯事事效法西洋的。这和中国古代赵武灵王之'胡服骑射'是一样的心事。他并不是因为富强了才要向外发展，乃是因为想要向外发展，才力图富强的。所以'统一世界'的野心是因，明治维新是果。"对于日本人的了解和研究，是刘文典判断的基石。

日本的野心似乎与生俱来，但这些是大多数中国人并不了解的。如果它被大众所知，中国也不至于在相当长的一段时间内被打得晕头转向了。

此外，对于反法西斯同盟的美国，刘文典亦有涉及。

美国以其强劲的实力对抗着日本，这无疑缓解了中国方面的压力。然而，在珍珠港一战中，美国被日本的出其不意所击败，在遭遇此战后少了还手之力。刘文典认为，综合实力在日本之上的美国之所以吃了败仗，就是因对日本人"天性剽悍"缺乏可靠的了解，而自视实力无敌的美国，同时对日本也缺乏足够的重视。

"如果有战争，他必然是要先下手袭击的。"

很多国人的盲目悲观，让刘文典很是烦恼："住在后方安全地带的人，身上既未破皮，又不发烧，却逢人大叫其苦。并且凡是造谣言的，轻信谣言的，无理抬高物价的，因物价腾贵就悲观叫苦的，他们都是第六纵队的队员。这班人们虽不是东京参谋本部派遣的，他们的言语行为都正是东京参谋本部所最高兴、最愿意的，这班人自己替敌人组成第六纵队，一半是由于无知，一半也由于无耻。要知道，在今天国家危急存亡的时候，自己忍耐劳苦，勉励别人也忍耐劳苦，这是一个国民最基本的义务。这点道理都不明白，还算得一个人么。"

对于中国和日本的战势，刘文典是焦急的，但对于国民不思进取表现出来的错误倾向，他更是忧心忡忡且怒其不争。中国自古时开天辟地，培养的都当是一个个今世栋梁，怎可一味退让求饶，长他人志气，灭自己威风？

恰逢其时，大量关于日本思考的文章在刘文典的手中缓缓流出，他同时还写了诸多关于国人现状的文章，那些叫喊声中，尽是刘文典及其他革命者的血泪。

刘文典的岛国之思，不可不谓深刻。事实证明，他主张的一系列对日本的见解和做法都具有惊人的前瞻性。心系天下，使得刘文典的文章更有价值，也让他成为了真正的教授。

第八章　狂语耳中闻

1. 避迹藏警报

刘文典是个有趣的人，也是个狂人。他的一生中无关乎善恶的事情很多，他可以没有道理地敬佩一个人，也可以毫无理由地讨厌一个人。陈寅恪，就是符合刘文典口味的一个人，也因此，他对陈寅恪的爱戴稍显人妒。

只要自己认准的人，刘文典大有"哪怕豁出性命也在所不惜"的意思。在西南联大时，日军的飞机时常在昆明肆意胡行。那一时期，连日警报鸣响，日军轰炸之势愈演愈烈，随之，"跑警报"也成了西南联大的家常便饭。

彼时，日军敌机于昆明上空频频盘旋，猛然之间，便会投下一颗炸弹，顿时引得哀号之声传遍四野。每每这时，就可见人们四处逃窜，情形悲惨至极。

汪曾祺当时也是西南联大的一名学生，他曾经回忆起那段时光——"所谓的'跑警报'就是敌军飞机前来轰炸时响起的警报，大惊听到警报都赶快跑到防空洞里去避难。当时的警报，常见的大抵有三种，一种是欲行警报，这表示着日本飞机已经起飞了；第二种是空袭警报，表明日本的飞机已经进入到云南境内了，要赶紧跑了，说不定马上就开始轰炸了；第三种是最紧急的，拉的是汽笛的紧急警报，连续短音提示人们，敌军的飞机朝昆明来的，个人一定要注意隐蔽，注意安全。"

一日，刘文典正在上课，忽闻警报响起，他马上收起教具冲出教室，赶紧四下躲避炮火的袭击。跑到半途，他突然想起了什么，马上转头回返。原来，他想起了陈寅恪。刘文典立即回返，是害怕他于慌乱之中出了意外。

虽然陈寅恪常开玩笑，对于"跑警报"一事常取笑道"见机而作，入土为安"，但这也只是句玩笑话，中国还需要陈寅恪，陈寅恪还没到离开的时候。当时，陈寅恪因营养不良导致眼疾，身衰体弱，视力不佳，很是危险。

于是，刘文典赶紧带着几个学生赶赴其住所，找到了他，马上与学生一起架起他便往安全的地方跑。怕伤到他，他们只能往城外躲避。路上，学生想要搀扶身体同样不佳的刘文典，刘文典却大声叫嚷："保存国粹要紧！保存国粹要紧！"他遂让学生搀扶陈寅恪先走。简单的两句话，让陈寅恪思及终生。

陈寅恪老年时，还经常回想起这件事，想起那个在昆明警报响起时拽着他就跑的小个子，这真称得上舍生忘死。

或许，那时的刘文典若是在思想上有一点疏忽，他的性命就可能终结。但那时的他却没有想那么多，一心只想着"偶像"陈寅恪。这种把自己的生死置之度外的举动，不是普通的几行字所能表达的。如果说原本刘文典对陈寅恪有"十二万分"的敬重，而陈寅恪也赏识刘文典，那么自从这件事后，二人的交情可就没那么"君子之交淡淡如水"了。

当时，刘文典与不在昆明的诸多好友都有交流，可惜这样的交流仅限于鸿雁传书。虽身不能同往，但他愿意为众生寻求革命之法的心不曾熄灭。在多年的战乱里，他不愿再看见失利，一颗心扑在了为劳苦大众觅得新路上。

在书信里，刘文典除了与友人讨论战事和未来局势的发展变化，还经常调侃昆明的"跑警报"。虽说经常提起，却不怎么诉说自己对陈寅恪的敬重，对那次的"跑警报"事件，也是寥寥数语就带过了。

刘文典的"骄狂"，大抵是分时候的，面对陈寅恪时，他便没了脾气。他对人对事，不矫揉造作，认为陈寅恪值得自己如此，便不多说一句，只安心做自己认为在理的事，这种率真和坦荡，是他身上最鲜亮的闪光点，其实是胜之于其"狂"的。尤其是在战乱之时，则更显弥足珍贵。

那时，同为文人，很多人失了节，充当走狗，替人卖命，可刘文典还是那个读书人，不曾变过，只顾安心做学问，且时常锻炼——"跑警报"。

刘文典任教西南联大期间，曾有过焦虑和害怕，甚至住在了很远的地方，鲜有人知道。追溯缘由，一方面是为了躲避追捕，一方面可能他自北平逃到西南联大之时，已在路上流亡了两个月之久，浑身灰尘，简直不像文人了。是时，他的头发已经花白，一袭破布长衫，身上还污渍斑斑，肩上背着的破布包已是他的全部家当。这样的状态，让他的自尊心受到"拷问"——这副尊荣，还能为人之师？

幸而，这般落魄之态是不入众多学生眼目的，而不拘一格的他，也不见得真要华服加身才去授业解惑，大抵，是他那一瞬间的柔软，在他内心深处泛起了令其终生不忘的涟漪。

当开始了在西南联大教书的光景时，他还在课上对学生们打趣道，"我的书籍都丢了，资料也没有了，只好把脑子里的东西都给你们了。"三言两语，便撇清了与俗物的关系。

那时的他多次搬家，几经颠沛，最后在市郊官渡下榻。官渡位于昆明东南郊，是重要的历史景观。刘文典的住所，离学校较远，每次上课他都须步行几小时才可到校，正如他在写给梅贻琦的信中所言："自千年寓所被炸，避居乡村，每次入城，徒行数里，苦况尤非楮墨之所能详。"

尽管路遥，刘文典却未因此缺过一堂课，他说："国难当头，宁可被飞机炸死，也不能缺课。"

老年的刘文典，脾气也还是这样，没有课上是万万不行的。新中国成立后，他年事渐高，学校为了减轻他的负担，让其能集中精力进行学术研究，一度撤掉了他的课，这遭到了他的强烈反对。他坚持要上课，并声色俱厉地对人说："教授怎能不教书？不教书就是失职！"

一日为师者，终生授教。"不教书就是失职！"刘文典一生耿直、纯良，掷地有声之词，也让这个"狂人"身上多了一份温情。

2. 嬉骂沈从文

校风纯正，学子优良。碧天白云，笼罩了一方人间净土。校园中，偶有徘徊于甬道之上的三两青年，皆意气风发，举止不俗——这就是最初的清华大学存于世人眼中的印象。在那古旧建筑中，汩汩涌出新思想之泉水，遍淌于泥瓦砖墙之上，流泻了一泓的笑意。

风雨清华，跟随着辛亥革命一同成长，经历了那斑驳的岁月，那里已经变成了培育救国之士的沃土。当时出身于清华大学的学生，日后多为学界泰斗、政治先行者。如此校园、如此氛围，如此令人憧憬之地，也让刘文典这一生无比地怀念。

只是，他这份怀念很快变换了"色彩"。

西南联大的存在，是那个斑驳光阴里的奇迹，短短 8 载，却孕育出众多日后活跃于中国政治、文化领域的志士仁人。鲁迅、陈寅恪、刘文典、沈从文、朱自清……这些耳熟能详的名字都出现在那 8 年的时光中，激荡着一代代国人奋勇前进。

提及西南联大往事，刘文典在其中的"戏份儿"极重，尤其是他与沈从文之间的"纠葛"，更是一出令人捧腹的戏码，加之其中有陈寅恪的对比，则更令事件本身活灵活现了。无关于事件的真实与否，能够传诵下来，就有其存在的理由。而从那一幕幕忍俊不禁之中，刘文典之"癫狂"形象亦是跃然于纸上，让人对那个远去的年代记忆犹新。

沈从文第一次来到西南联大的课堂上，就给刘文典留下了"话柄"。

1928 年，上海中国公学讲台上，站着一个青涩的青年，学历很低，仅为小学资历。如此学历的一个人，能登上这样的讲台，并不是偶然的。当然，徐志摩的介绍以及中国公学校长胡适的点头，也不是令其站在讲台之上的根本原因，关键还在于他本人聪颖好学，故此才有了这个难得的机会。

作为大学部一年级现代文学选修课的讲师，若说没有功底，谁也不信。这青年也有些"来头"——之前曾有《一个天才的通信》《呆官日记》等优秀的文学作品问世。不过，写归写，说归说，第一次登上高等学府的讲台，心中的紧张可想而知，紧张之感溢于言表。

课前，他早已做了充足的准备，但当他站在讲台，望着台下听众的时候，内心宛若打鼓一般。台下众人眼睛都盯着他，等着他开口说话。可是这一瞬间，这个青年仿佛失语了一般，想张嘴，却好似被什么扼住了咽喉，大脑一片空白，之前的准备消失的无影无踪。

5 分钟后，他依旧伫立不动。近 10 分钟的呆若木鸡，让台下听众面面相觑。最终，他总算开口讲课了。可是，他原本准备讲一个多小时，结果却只用 10 多分钟便结束。末了，在一片沉默之后，他在黑板上留下一行字："我第一次上课，见你们人多，怕了。"

这青年，便是后来在文坛颇有建树的沈从文。而在当时，很难想象这就是后来被人敬仰的文学大师。

沈从文系湘西凤凰人，14 岁参军，20 岁左右开始从事文学创作。他的履历并不光鲜，没有夺目之处，在当时并不起眼，而让他"起眼"的，便是与刘文典的纠葛。当他与刘文典挂上钩，在众多作者的笔下，他就成了顶要紧的人物。刘文典就是从他身上，"发泄"了一通藏在骨子里的"癫狂"。

沈从文、刘文典、朱自清等人一同进入西南联大，或许是因为之前那一事件的关系，抑或因由别生，刘文典"看不起"沈从文。当时，沈从文所教授的"习作"等课程，评定的职称已经是副教授了，刘文典却没有把这位副教授看在眼里。

1943 年，西南联大考虑让沈从文转正，同时聘其为"本大学师范学院中文系教授，月薪叁百陆拾元（360 元）"。其实，这份工资并不高，可刘文典对此仍极不满意，他说："在西南联大，陈寅恪才是真正的教授，他该拿 400 块钱，我该拿 40 块钱，沈从文该拿 4 块钱。可我不会给他 4 毛钱！如果沈从文都是教授，那我是什么？我不成了太上教授？"

刘文典对沈从文的贬低，在历史上，原因尚不可知，但我们可以从一些蛛丝马迹中寻得踪迹。

一则，即是沈从文第一次登台的青涩，那堂"丢脸"的授课；再则，大抵是因为他出身于穷乡僻壤，仅仅小学学历，其后又凭借入伍谋生，是个十足的自学成才的"土包子"。加之从未与西洋有过接触，让刘文典十分怀疑和蔑视他的眼界，这种落差感使得在文坛成绩斐然的刘文典对其不屑一顾。

不管刘文典对沈从文的评价是否公道，是否有失公允，相信很多人的答案都是否定的，但在当时，这都是见仁见智的选择。在这件事情上，刘文典本人对沈从文和陈寅恪完全不同的态度和评价形成了鲜明的对比。此外，他对自己"合情合理"的判定总会让当事人尴尬，让其他人微微一笑。"刘狂士"，当真名不虚传！

若说只与沈从文"作对"一次乃是偶然之举，那么接下来的"嬉骂"，便足见其对沈从文"成见颇深"了。

在昆明，西南联大的师生经常遇到敌机轰炸，也就是在刘文典"保护国粹要紧！"的同时，他看到人群中慌忙逃跑的沈从文，不禁怒从心生，快步走向他，厉声喝道："陈先生跑是为了保存国粹，我跑是为了保存《庄子》，学生跑是为了保留下一代的希望。可是该死的，你什么用都没有，跑什么跑啊！"

刘文典当时的样子，我们是可想象出来的，换做谁似乎都难以让人接受。他如此恶语相向，沈从文一时间怔住了。他了解刘文典的秉性，也不愿与其争执，便掉头走开了。此后，这一事件就被"记录在案",沈从文的形象,大抵从那时起在很长一段时间内"一落千丈",这都是拜刘文典所赐。

有"案"可查的,大抵是这两桩,而平日里,想必刘文典亦是没有给过沈从文什么好脸色的。若抛开个人因素,不去深究刘文典对待沈从文的初衷,亦可见其"癫狂"的行为,实在令人"望而生畏"。

刘文典就是如此性情之人,对于自己不喜爱的人或物,没有丝毫隐瞒,只要符合道义标准,喜欢就极力推崇,讨厌就无所顾忌。很多人认为,这样的行为太过偏激,然当一个人能以自己的真性情示人,则可说明其是无畏、勇敢的,如此,在面对其他事情时,也就不会轻易低头。以硬碰硬又如何?真性情如我!

一代狂士,行为怪僻,性情难驯,真叫人哑口无言。但从那个乱世背景中看,刘文典也当真应该如此。唯此,他内心之深埋的政治情缘,才可逐渐偃旗息鼓,转而幻化成一簇簇治学之火,燎遍整个民国。

3. 批鲁疑风起

在刘文典眼中,能让其看得上之人实在凤毛麟角,其"狂狷"之行为,合乎礼而异于常,总是让人不得不侧目观瞧。他评论过很多人的做事之法和文章才情,其中不乏日后名家大士,而这之中,最引人瞩目的,要属与鲁迅的"风波"。

刘文典与鲁迅素有交情。两人先后师从章太炎,都为《新青年》出过力,后又同为北大文科教员。也是在北大期间,刘文典偶然间听了鲁迅的课,是时,他对鲁迅开始从陌生到熟悉,从熟悉到崇拜。

　　然万事不按预期而行，光阴流转，刘文典对鲁迅的看法也有了转变，在他眼中的鲁迅，有些过于冷漠。这可能也是后来那场具有争议的演讲的伏笔了。后来在一次婚礼上，老友重逢却也多些生分。

　　1936 年 10 月 19 日，鲁迅逝世。那时，这位民主战士已被神化，"鲁迅"不再是一个学者战士的名字，而是被赋予了更高的时代意义，因而关于鲁迅的坏话是丝毫容不得的。

　　次年，毛泽东在鲁迅逝世一周年之际，在延安陕北公学的演讲上提道："孔夫子是封建社会的圣人，鲁迅则是现代中国的圣人。"后来，毛泽东又在《新民主主义论》里更直接地肯定并赞扬了鲁迅：

　　　　"鲁迅是中国文化革命的主将，他不但是伟大的文学家，而且是伟大的思想家和伟大的革命家。鲁迅的骨头是最硬的，他没有丝毫的奴颜和媚骨，这是殖民地和半殖民地人民最可宝贵的性格。鲁迅是在文化战线上，代表全民族的大多数，向着敌人冲锋陷阵的最正确、最勇敢、最坚决、最忠诚、最热忱的空前的民族英雄。鲁迅的方向，就是中华新文化的方向。"

　　一代领袖亦如此褒扬与盛赞，在群民激昂的时代里，普通人对鲁迅的崇敬更是被无限地放大。

　　那个时代，注定是疯狂的。

　　鲁迅有如此之高的名声，却不见得可俘获所有人，对其早有"介怀"的刘文典，将其"炮口"对准了鲁迅。

　　1949 年 7 月 11 日，刘文典在云南大学泽清堂的一场名为

《关于鲁迅》的演讲，引起了轩然大波。

在为时两个小时的演讲中，这位久负盛名的刘教授在众多学生炙热目光的注视下，数落着鲁迅的"十八大罪状"。虽然刘文典课堂上的演讲稿早已遗失，但我们通过当时各大报纸也可管中窥豹。

1949 年 7 月 22 日，云南昆明《观察报》上刊登了一首针对这堂课内容的诗歌——《话说刘教授》，其内容可以一观：

"年年有个九月九/云南大学有个刘教授/谈庄子，讲红楼/目空四海/眼光如豆/小烟三口/精神抖擞/脑筋一转嫌不够/一心要把鲁迅骂/鲁迅说以牙还牙/你说他自贬咬狗/鲁迅著小说史略/你说人骂他抄偷/人人尊他是文豪/你说他气量不够/人人说他是斗士/你说他彻底落后/人人说他创造好/你说他满篇污垢/空中楼阁/机械机构/一心想骂倒文豪/稳坐泰斗出风头/你说——/讲交情，谈往日/我和他同学同事/多年相处好朋友/没有说的是——/你们这些晚生猴/既不能动笔/更休想开口/呜呼哀哉刘教授/你只合——/歌功颂德/低眉卖笑/喷云，吐雾，敲烟斗。"

虽然不知真实情况如何，但这首讽刺刘文典的文章中，也能大致地了解那堂课的内容。满满讥讽语，句句叔雅言。刘文典过激的言行引来了社会舆论的一边倒，众多媒体和学生尽数支持他们心中的民主战士——鲁迅。

云南大学教授蒙树宏，在《鲁迅史实研究》中大概交代了这次事件所带来的后果。当时的《大观晚报》《正义报》《朝报》《朝报晚刊》《平民日报》《观察报》《昆明夜报》等报纸纷纷发表文章支持鲁迅，批评刘文典的狂徒之举，其中以《观察报》和《正义报》最为激烈，时不时地发表言论评论此事。

大小报纸，林林总总，反对刘文典不当言行的文章达27篇之多，而他身后的支持者却寥寥无几，赞同他的文章仅在报纸上发表两篇。毫无疑问，刘文典又一次将自己推向了风口浪尖。

其实，这场风波的起因完全没有必要，文人之间，本来就难免因学术观点及思想迥异而生旁枝，是不必小题大做的，可仍要一提的是，刘文典会被推至浪口，自然与之平素心直口快、"狂妄"骄傲有关。

在刘文典原稿不知所踪之后，人们从这些报纸上猜测到了那堂课上他关于鲁迅的一些言论，当日所述大致观点如下：

一、他和鲁迅的人生观是不同的，鲁迅以为人世太坏、阴险、欺骗、虚伪，等等，真是层出不穷，但他则认为人都是很良善的，他活了六十多岁，就没有遇到过一个坏人。

二、鲁迅是一个斗士，但斗士并不一定了不起。

三、鲁迅小说所用的典故，譬如引车卖浆一典，翻遍古今的辞典都找不出，也就是说鲁迅用典的不古不文不恰当。

四、鲁迅的小说取材，只专就一个地方的来取，而不取普遍的地方，而尤其只会写他家乡浙江的风景，譬如乌篷船之类。

五、莎士比亚作品的伟大，就伟大在把他的作品翻译成任何一国文字，任何一国的人都懂，而鲁迅小说取材的偏僻只是一部分人懂而多数人是难懂的。

六、鲁迅他算不得一个思想家，因为他对中国的哲学还没有研究透彻。

七、要研究小说就要懂佛理——印度佛理。鲁迅不懂佛学，更不懂印度学术，所以中国的小说源流他并说不清楚。

八、鲁迅的《中国小说史略》抄了日本盐谷温的一部分著作，但鲁迅不会这样傻的，大概是参考吧。顾颉刚说了他这件事，他就和顾颉刚闹得不可开交，这足见鲁迅气量不够。

九、鲁迅的私德不好，他和他兄弟周作人就很水火。但文学家都是神经质的，两个神经质遇在一块，当然要打架，这是可以原谅的。

十、鲁迅说中国革命不会成功的，这是他错误的地方，一个民族既然会革命，那当然会成功，命都会革，而硬要说不会成功，这是不合逻辑的。

十一、鲁迅只会作短篇小说，如《红楼梦》那样的长篇小说，敢说他作不出，如《金瓶梅》，敢说他更作不出。我们中国的革命小说革命到《金瓶梅》，可以说革命到顶，鲁迅的小说怎样能够比呢？

十二、鲁迅总觉得时时有人在迫害他，根本没有这回事情，这是他精神病态狂的表现；就譬如他住在北平绍兴会馆里，总觉得会馆里的人无人不迫害他，要真的这样，人都在迫害人，哪里会有什么会馆？

十三、近代作小说作得算是小说的，那是鲁迅，除了鲁迅，还有巴金。

十四、把鲁迅恭维得上天的人，真觉讨厌；而把鲁迅骂得一塌糊涂的人，也很无聊。好多地方的人是不知道鲁迅的，而他是清楚地了解的。

十五、鲁迅的思想还是中国的思想，并算不得西洋的思想，只在技术方面，是外国的技术罢了。

十六、鲁迅的文章根底，是得力于中国旧书的。要是他旧书读得不好，他是不能作得出那样的文章的。

十七、最了解鲁迅的，是陈独秀先生，因为鲁迅作小说是陈先生叫他作的。

十八、对鲁迅崇拜得不得了的人，与崇拜孔子的人一样无聊。

据说，这十八条是有来源的，当时有位化名"白听"的人，在听过刘文典的演讲之后连夜写出文章上报，所以其真实性尚存。

这十八条中，刘文典是没有给鲁迅留面子的，从人性到想法再到小说，字字直中要害，句句挖人心肝。倘若鲁迅还在人世，以他的个性，是不会善罢甘休的，毕竟文人和文人，总是有这样讥嘲互骂之时。

在这十八条被世人广泛议论的同时，并没有人真正去论证刘文典所言，也许语言是有些过激的，但并不是全无道理。可笑的是，缘何对刘文典的指责却呼啸而来？

"够了！也不必和刘先生逐条讨论了（因为牛头不对马嘴，无从讨论起）！我相信，只要是（对）鲁迅著译有一点相当了解的人，对刘先生这一通所谓的讲演，如果不认为他是信口开河在胡乱讲说，那我真认为奇怪了！我们只要看他对是谁说鲁迅先生的《中国小说史略》是抄盐谷温著作的话，他都没有弄清楚，以及鲁迅说中国革命不会成功的话，我们在《鲁迅全集》上并没有看见——也许是鲁迅先生对刘先生说的；据刘先生说鲁迅和他是朋友，但据《鲁迅全集》似乎鲁迅先生和刘先生并没有什么朋友关系——就压根儿可以断定刘先生对《鲁迅全集》并没有读过，并没有读完，充其量他看了一本《呐喊》，就来讲什么《关于鲁迅》，还说是了解得最清楚，真是领教！领教！呜呼！"

这段文仍来自"白听"，这是其发表在 1949 年 7 月 14 日《正义报》上的名为《听刘文典讲〈关于鲁迅〉》的文章，在当时流传甚广，与之相似的文章还有很多。

就这样，刘文典在世人眼中再度被"孤立"起来，这自然又是拜其"狂语"所赐，当然，他并不惧怕。他与鲁迅并无过节，只不过说出了自己的看法，只是其看法从不婉转出口，才让俗世庸人捕风捉影般加责于身了。

4. 提壶醉书香

纵论天下，豪气云天。这是属于文人的褒奖，但这些赞誉并不是属于每一个文人的。很多人只是一心只读圣贤书，这使得他们难以站在其行业的顶端，而能成就一番独特光景之人，冥冥之中，总有那么一股说不清、道不明的气质。像艳花中的一抹绿，独特靓丽得无法用个性诠释。

近代中国，奇迹般存在的西南联大，在它不长的存在时间里仍释放出了不可磨灭的光彩，即使在今天看来，身在其中的师生成就也仿若古老墙壁上的壁画，经久不衰，耐人寻味。

在西南联大上课的学子，可以说是当时中国最幸福也最幸运的一群人了，即便战火纷飞，他们还能有一个安静的地方读书，且此时知识界的精英很多都汇集于此。群杰斗艳，不可一观。这些教授风格各异，本就吸引着年轻的学子，而在他们心里，总有几位风格别致，让人印象深刻的先生。

刘文典，无疑是其中的翘楚。

　　并非刻意以奇取宠，刘文典就是这样的性格，很难因为什么而改变。在西南联大学生的笔下，刘文典是经常被提到的一个传奇人物。他有着治学严谨的名声，可在上课时却并不"严谨"。他看上去甚至是最老的一个，他邋遢的扣子不会有一堂课系得整整齐齐，讲课的声音总与悦耳无缘。世人听到的关于他的评论，也多是放荡不羁，似乎他的架子不小。而事实的真相呢？其实刘文典的为人极为平易。这般颇具个性的教授，自然让学生的目光都不约而同地聚集到了他身上。

　　当然，能成为"焦点"，必有别于凡人的特质。

　　刘文典之所以成为教授，是因其渊博的知识并不让人觉得乏味，以致不光学生为其"倾心"，校方也对他总是"网开一面"。

　　在西南联大任职期间，刘文典已染上了吸食鸦片的习惯。他的长子去世时节，他伤心过度，那时就大抵靠着鸦片疗伤，但还算是有克制的，没有沉迷其中，也没有被外人所知，这样的坏习惯也就遗留了下来。

　　进入西南联大，刘文典的烟瘾也愈大。经常可以看见他拿着两尺来长的竹制旱烟袋，边抽边讲课，也不顾旁人的目光。这定然不是个好习惯，校方在此事上却并不深究，不仅默许了他的这种行为，还专门为他请了一个杂役，在上课时为他的茶壶添水，润润他干燥的喉咙；偶尔也为他弄弄烟，缓解一下他较重的烟瘾。

　　刘文典得到这样的特殊待遇，在西南联大也算是一道奇特风景了。他的形象在学生中间传来传去，越来越神奇，想来听他上课的学生也就越来越多了。不过，有的时候他们也并不能如愿，因为这位刘教授并不总是来上课。他时而心情愉悦，会大讲特讲，一旦有让他不高兴的事情，他骂两句，下节课就不来了。可只要是他讲，就真能讲出别人讲不出的、有价值的东西来。

他的教学如此散漫，却并没有引起全校师生的不满，即便有几位教师看不过去，也迫于他当时的名气很大，在人们心里的威望很高，自是不敢说些什么的。学生们也对这位老教授宽容之至，就算很少能听到他的课，但每到上课之时，无论教授在否，都及时到场，对他安排的学业任务也是及时交付的。

在师生的一再拥护下，刘文典也越来越骄纵，开始不把课程的安排放在眼里，不把不如自己的学者放在眼里，好像他的眼里只有个庄子，这对他的影响很大。

在那段光景里，刘文典并没有意识到自己的位置，也未摆正自己的姿态，而是沉迷于旁人崇拜的目光。他的骄纵，也在此时得到了放大。

西南联大的时光，是刘文典敢说话的时代。没有人与他计较得失，他便认为没有人与他一般在意。可见，他在这一点上是估计错了的。刘文典在治学方面无可挑剔，可在为人处世上，是真真的弱者。强与弱的对比也在此显现，也应了"老天公平"之说，给了他天赋，也收回了一些技能。

在一次上课中，他的这种性格更是得到了十足的膨胀。当时，讲解了不到半个小时后，他就开始收拾教具。学生不解，他说道，今天提前下课，改在星期三晚上 7 点上。谁都不知刘先生葫芦里买的是什么药。到了日子，那夜，皓月当空，此时学生们才晓得，先生是要讲月赋。仰头向月，未听其言，已醉三分，而刘文典坐在众人中间，所讲所论，堪称精美。

"白露暧空，素月流天……引玄兔于帝台，集素娥于后庭……升清质之悠悠，降澄辉之蔼蔼……歌曰：美人迈兮音尘阙，隔千里兮共明月；佳期可以还，微霜沾人衣……"不知是他在讲明月，还是明月在衬托他的高论。

当时当景，真像是古人从书里走了出来，诗词的意境一下子就浮现于眼前，哪还用更多的解释？在刘文典的课上，类似的情景还有很多，他将自己的研究带到了课堂上，让学生们与他一同领略古人的风韵。

刘文典接受过良好的西方教育，按理说，他应该成为西方文化的传递者，但他的血液中，还是流淌着中华民族的情怀的。听到他讲解的人，都觉得他是最贴近古人情怀的，他的奇思妙想，常常把学生们震得口不能语。

如此，刘文典在西南联大出了名，再加上有专门为他倒茶水的人，这在教育史上是绝无仅有的。刘叔雅，是为第一人！

后来，他的学生回忆起他时，常常提到这件事，可见在当时的学生们眼中，他确实是个异类——一个讨人喜欢的异类。当时经历着战乱，很多人流离失所，为生计发愁，能坚持读书的学生也是比较坚强和有志向的一代人，他们在战争中学习，用自己仅能采取的方式继续斗争着，他们也是不平凡的学生。

那一代的教授，也同样如此。他们大都经历过战争，还有很多人曾亲自参与过战争，在一线中躲过死亡，最后撤到了后方，开始了他们最为熟悉、也更有意义的工作。他们的志向和气节，通过教书育人传递给下一代，这样的师者，无不个性当道，无不经验丰富，无不有满腔的热血。

正是这个特殊的时代，造就了特殊的教师与特殊的学生，他们在一起碰撞出火花，他们共同的心愿和想法，谱写了未来几十年的新中国的乐章。

当时的西南联大学生中，出类拔萃者日后都成为一代巨匠，为社会主义的前程锦上添花。一般资历者，也在一线的工作岗位上尽情发光发热，这段时期培养出的人才，成就了中国不可不提的一段光荣历史。

刘文典在西南联大的教学工作有条不紊地进行着，这个狂人也找到了自己的舞台，经常在人们意想不到之处给人以新奇。他开辟的课堂研究，直至今日仍具有重要的参考价值，他开启的现代教学模式——情景教学，也一直被各大院校沿用。

5．归学露风华

刘文典学问之精深，可谓无人不服。他有别于传统文人的一点，便在于突破固定思维的创新意识。与外界某些批评他除了上课就躲在屋内以鸦片自醉、不思进取的颓废形象不同，刘文典其实是极具浪漫情怀和先进意识的。从他讲的东西中就不难看出，"情怀"二字始终贯穿于他所喜爱的作品中。即使卧在自己的小屋里烟雾缭绕，他也时刻关注着外界的时局，绝不两耳不闻。

是时，中国正处于被日本炮火侵略的屈辱中，人人谈日本而色变。刘文典早在几年前就曾说过："日人对我之处心积虑，由来已久，最初当始于女皇时代，而其目的则决非以获得整个中国为满足，土耳其、印度、阿富汗，均其目的物也。"

意识到问题后，他提醒国人警惕日本人的野心，做好防御准备，但在一个安逸的环境下，太多人并没有相信这种危险的存在，反倒认为有些"惊弓之鸟"之嫌。

刘文典的独到眼光，第一次得到印证——日军侵华的战争拉开了序幕，他并未因自己的先知感到开心，面对敌人入侵的炮火，他痛心疾首，更愤恨的是，自己眼看着国土一寸寸失去，却没办法阻止。

　　为了早日廓清环宇，刘文典常常顶着某些"爱国志士""不应长他人志气，灭自己威风"的批评，翻译日本的相关资料，事无巨细，一翻译往往就是一宿。到了第二天上课，话在口中却不得出，只得对学生们解释，"诸位，很抱歉，我已没有力气再说话了。"看着日渐消瘦的老教授，学生们对其报以掌声，感动不已。

　　刘文典如此呕心沥血，就是要让更多人深入了解日本。国家沦难，城池丧失，百姓流离，这些结果的发生，都与人们对日本不甚了了有关。

　　刘文典对时局的判断极准，让人甚至觉得他具备战略家与政治家的潜力。1943 年间，他凭借曾经留学日本，对日本文化的诸多了解，于报上发表了《美日太平洋大战和小说》一文，文中阐述了他对当下国际局势的关心。其文从文学鉴赏的角度起笔，却有颇多暗笔。他在其中提到，要提防日本，不要被表面的现象迷惑，甚至暗示了日本必败。

　　刘文典在作此文时就已知道，时局如何发展才是正确的，而事实也证明了他的论证。他始终坚信日本必败，即使条件和环境不利，但正义和天理终将取胜。

　　忧心天下事，刘文典的眼光绝不狭隘于一隅间，而是飞越了大洋彼岸，环绕了这个半球。普通文人的道德操守与忧国忧民的品质，在那个时候被炮火打散了，刘文典却终其一生恪守如初，不曾变更。

　　1945 年，日本投降，刘文典却在 3 年前就看了个通透，这是何等敏锐的眼光？说他高瞻远瞩，绝不为过。他看似无神的眼睛，装的却是整个世界，这似乎有违常理，可总让人觉得理所当然。

1944 年，日本投降前夕，人们都嗅到了胜利的味道，驱除贼寇已是近在咫尺。这时，刘文典又提出了另一个新鲜的问题：日本失败以后，对他们的态度该是怎样的？

太多人都在为中国即将取得的胜利欢欣鼓舞，忽略了战胜之后的事，刘文典则冷静地思考着这些。

那时，很多人都为日军屠杀国人，屠戮山河而切齿，刘文典也不例外。中国对日本的仇恨，建立在日军的每一刀每一炮上。一如今天，提起日本，很多中国人还是不能轻松地一笑了之——那是几千万中国人血脉骨肉的仇恨，怎能因时间而消失？曾经在血刀下失去生命的，可能就有我们的国人。毕竟，并不是每一句失败认错，都能换回原谅。

如刘文典所说："论起仇恨来，我们中国之于日本，真是仇深似海，远在法国和德国的仇恨之上。说句感情上的话，把（日本）三岛毁成一片白地，也不为残酷，不算过分……"

刘文典是个随性之人，但那也只是在诗词古文之上，在谈及严肃认真、事关重大的事情时，他是谨小慎微的。烧杀抢掠，以牙还牙，这并不是刘文典对战败日本的最终想法，他有更长远的思量。

"不过关于国家民族的事，是要从大处远处想的，不能逞一朝之忿、快一时之意。我们从东亚的永远大局上着想，从中国固有的美德'仁义'上着想，固然不可学克莱孟梭（法国内阁总理）那样的狭隘的报复，就是为利害上打算，也不必去蹈法兰西的覆辙。所以我的主张是：对于战败的日本务必要十分的宽大……"

刘文典主张对投降的日本宽大处理，当时的人们对于这一提议是强烈排斥的。由于对日仇恨太深，稍有沾惹日本的事，哪怕一丁点，都有可能被连带上恨意。刘文典的这一言论招致多少人的非议，是可以想象的。

只是，"见什么人，说什么话"绝不是他刘某人的性格，如此猥琐行径怎与他有关？他心里所想的，皆是为国家发展考虑，顾不得什么反面影响。在他看来，中国固有的仁义美德要发扬下去，以德报怨该是中国人真正的操守。他建议，中国不应要求日本割地赔款。这看起来似乎处处维护日本，更重要的是，他长子的死便是日本人间接造成的。如此看来，刘文典是不是"疯了"？

他也是个父亲，还是个慈爱的父亲，自己年轻的儿子命丧敌人之手，谁会不心痛？可叹的是，他咬住了牙，没有要敌人的血肉，而是以局势的眼光看待这一问题，其隐忍不可不谓"伟大"。

国之殇殇，令人悲叹，手刃血敌也是道义，但民族大计更为重，怒火心中烧，铮铮一丈夫。饮下一杯酒，践行亲人，刘文典只能把对儿子的思念深埋心中。

"中国和日本这两个国家民族的关系，是东洋和平的基石，近日应付处理稍有失当，就会种下将来无穷的祸根……"刘文典之操守堪称伟大，其智慧也的确深不可测。他不是单纯地原谅日本人的行为，而是看到了每一步之后的险境。

他准确地预见了国家未来发展的利弊。对于日本这样一个满腹仇恨的民族，逼得太紧，则会狗急跳墙；养尊处优，方可使其懈怠。当时的中国政府也正是考虑到了这一点，在对待日本的问题上实行了减缓的政策。

至 1945 年，中国政府在对待日本的问题上，与刘文典所说的一样，没有要求日本承受它曾经加诸于中国身上的苦难。

在这个问题上，刘文典显得极为理性，事实也证明，他的想法是正确的。今时今日，中国对待日本的态度，也是在那时形成的。

刘文典虽是一介文人，手无缚鸡之力，但无惧敌人的战火，仍选择走在民众的前方，用自己熟悉的方式劝导着众人。虽身不在革命之中，精神上却无时无刻不关注着国内外的局势和祖国的安危，他以文人的姿态出现，以战士的形象立名。

刘文典以书生之身，纵论天下，指点江山，足见其见识之远，之深，之准。"楚虽三户能亡秦，岂有堂堂中国空无人"，无疑，刘文典的名字，就在那行列里。

6. 撑伞寄雨僧

文人与文人的交识，总会传出一段妙语，他们也许政见不同，也许学论相左，但都不会妨碍他们的友谊，一如刘文典和吴宓。只要谈及二人，就一定会说起他们之间的交情，这段无关乎利益，无关乎胜败的情感，只是文人之间的友谊，给在那段时期仍处于挣扎中的中国多了些暖意，也给西南联大的师生增添了些许笑意。

在做过了那么多癫狂的事情之后，一代狂人又怎能不广为人知？刘文典被称为"狂人"，不仅是因为他的事迹，而是因其本性。

他有时可以不拘小节，有时又要锱铢必较。做事，可能是因为某些特殊原因，或者想要达到某种想法，而故意为之；而做人，那就是一生的事情了。

基于这一点，对于刘文典，喜的人对他爱之若狂，觉得一生怎就有一个如此与自己兴致投合之人？而厌的人，恨不得啖其肉来一解心中憋闷，这世上怎会有这等怪胎出生？

因了刘文典的这种名声在外，每当讲课之时，教室总会出现一些不相干的人，有一些是慕名而来，倒不是多么喜欢，就是想见识一下传说中的狂人，看看他是不是真的如传闻中那样。

在这些听众当中，还有许多其他学校的老师，在这些人当中，不得不提的一位，就是吴宓。

吴宓，字雨僧，陕西泾阳人，学贯中西，通晓古今，被称为中国的比较文学之父，与陈寅恪、汤用彤并称"哈佛三杰"。如此才高之人，对刘文典这般上心，是能看出刘文典在当时文人心中的地位的。

对于文人来说，诗词稿文就是自己的最爱，艺术在某些时候甚至是高于生命的，这也是文人令人敬佩的原因之一，他们不在乎一己私利，他们敢于为了心中的道理抛却肉身。

在刘文典与吴宓相交的日子里，有一件事最能体现他们之间的文人情谊。

吴宓本身是一位文学大师，但这位国学教授，在很多新作问世之前，都会找刘文典帮他润色修饰，此足见他对刘文典才情的承认与肯定。当时的吴宓，到过西欧留学，又钻研多年学问，他的眼界和学问皆高于刘文典。然而，他从未因此摆出架子，对他来说，能与志同道合的文人为友，是胜过一切的。

吴宓经常去听刘文典的课。刘文典站在讲台上看着座次上一群青春少年，本是满满朝气，却又有那么一两个寸把胡子老头落座，很是奇异。时而讲到"意气扬扬，甚自得也"之时，他便换了闭目为微睁，目光扫向每次上课都坐在靠后一排的吴宓，问道："雨僧兄以为如何？"

每每如此，吴雨僧必照例起身，万分恭敬地回答道："高见甚是，高见甚是。"头亦不住地点着。此番情景，让人觉得十分可笑，常常惹得全场学生暗笑不已。可在吴宓和刘文典眼中，是不算什么的。

刘文典在西南联大的讲学时光，大抵是他最自由的时候，他的义气和才气，也是在那段岁月里得以风发。他还在西南联大讲过李义山的诗文和时事政要，每当有这些内容，也必然会看到吴宓的身影。

1940 年 5 月 16 日傍晚，吴宓又陪刘文典讲学，这次内容有了些改变，他讲的是《日本侵略中国之思想背景》。刘文典凭借在日留学多年的亲身经历，以及自身对日本多年的关注与研究，向世人揭穿日本侵略者一贯的军国主义立场。演讲一出，听众甚多，这也让吴宓重新认识了热血灌身的刘文典。

杰出之人往往不会永远叹服他人，因同为俊杰，总有各自高见之时。刘文典与吴宓亦然，谈及二人，必须要提到一部亘古名书——《红楼梦》。

1940 年到 1942 年间，西南联大热闹一时的"红楼热"，让这两位教授齐名于"公认的红学专家"这一美称。其实，这两位跟这代表中国古代艺术小说最高成就的"一把辛酸泪"都颇有渊源。

吴宓经常把自己比作《红楼梦》中的贾宝玉，甚至一向儒雅的他，曾认为"餐馆之名"玷污了林黛玉而怒砸碗碟并强令其改名，可见其对红楼的青睐。吴宓一生有诸多时光都献给了《红楼梦》这部巨著，除了在国内对《红楼梦》孜孜不倦地研究，他还将这部书带向了世界。

1920 年时，吴宓在哈佛大学发表了《红楼梦新谈》（《红楼梦研究参考资料》第三辑，人民文学出版社，1976 年），向世界推荐了这部作品，此后国外才有了《红楼梦》。在此之后，他又用中、英文发表有关红楼的论文——《石头记评赞》《红楼梦之文学评价》《红楼梦与世界文学》《红楼梦之人物典型》。

是时，国人之中也有许多研究《红楼梦》、醉心《红楼梦》之人，但鲜有人能将这部中国名著介绍给世界，吴宓做到了，这也就让他在红楼的研究上更上一层楼。

当然，刘文典对《红楼梦》的研究亦早已名声大起。他更是早在 1922 年之前就对此作倾心不已，他关于《红楼梦》的不少见解，也受到很多大家的认同。

同样如此痴迷于《红楼梦》，才有了在各自讲台上唱起了"对角戏"的一幕。这也是历史上一段颇为有趣的文人故事。

吴宓因为丰富的游学经历，对《红楼梦》的诠释充满了西方文学理论的味道，与他不同的是，在学术上一向"狂上天"的刘文典，则采取了寓言似的讲解模式，中规中矩地讲解起了《红楼梦》。任谁都能看得出来，在关于《红楼梦》这一方面，刘文典是不同意吴宓的观点的。

刘文典在演讲中曾提道："我讲《红楼梦》嘛，凡是别人说过的，我都不讲；凡是我讲的，别人都没有说过！"那时，慕名而来的听众摩肩接踵，由于听众太多，校方没有办法，只能让刘文典更换场地，由此，计划中的文林教室，变成了室外小广场。当时天已经蒙黑了，光影里的刘文典陷在长衫里，更显消瘦。

吴宓和毛子水、卢雪梅也去听了他的这次高论，听罢，对其赞不绝口。

这夜色，或许能遮住学生们手中擎着的一点烛光，却遮不住刘先生大谈研究心得时的熊熊之火。只见他衣着长衫，从容地踱步至台上，缓缓坐下，心中像思考着什么一样。他慢慢地饮尽一杯热茶，随后豁然站起，一缕雾气伴着他的伫立更显韵味。

他说："宁吃仙桃一口，不吃烂杏满筐！"听客们都在等着他随后的讲解，旋即他写出了四个字——"蓼汀花溆"，然后开始了他带有几分"索隐派"风格的讲述。

"早在元春省亲大观园时，书中就写她看到了一幅题字，笑道：'花溆二字便妥，何必蓼汀。'花溆反切为薛，蓼汀反切为林。可见当时元春已属意薛宝钗了……"

在他抑扬顿挫的语调下，林黛玉和薛宝钗的形象被不急不徐地勾勒出来，听众完全沉浸在情景中，不愿自拔。西南联大的夜晚，就在刘某人的阔论中悠然而逝。

政见不同，学术观点各异，却并不影响吴宓和刘文典的关系。二人惺惺相惜，一时瑜亮般地被传为佳话。但这二位却未必在乎世人的此等评价，在他们眼中，切磋才是文人间必不可少的。

不仅这二位如此，当时的西南联大卧虎藏龙，每一个在那里任职的文人都堪称大家，这样的戏码也就多了。对于平常人，如若唱对台戏必定是私交不好，老死不相往来的，可在那里，即便观点不同、意见相左，都不会妨碍彼此间的学术交流、私下交好，这也是中国文人在历史上很重要的一出戏码。

7. 妙论与狂言

刘文典是"狂人"，而狂人自有狂言妙论。毫不夸张地说，以狂名著称的刘文典，是堪与祢衡齐名的人物。"性滑稽，善谈笑，唯语不择言"，是对他最贴切的形容。人的一生转瞬即逝，留下的什么，被人所记得，足可印证他的卓尔不凡。

刘文典的妙论，是不只见于学问的，他曾给自己冠了个绰号——"狸豆鸟"，此自然不是何种鸟类，刘文典如此"戏称"自己，是很有根据的。据他说，"狸"、"刘"二字古读音相通；"叔"者豆子也；"鸟"则为"鸦"，乃"雅"之异体。故此，"刘叔雅"便是"狸豆鸟"。这位可爱的教授，让学生们的心中与己毫无距离感，也难怪学生们总是喜欢听这个怪老头说点什么了。

刘文典在西南联大上课时，有一次一位学生在课堂上向其请教，怎样才能把文章写得精妙绝伦，刘文典仅说了五个字："观世音菩萨。"

这样的答案，多少让学生们有点哭笑不得，更是疑惑不解，莫非教授还信佛吗？刘文典看着下面学生一脸茫然之状，不慌不忙地解释说："观，乃是多多观察生活；世，就是需要明白世故人情；音，就是文章要讲音韵；菩萨，就是救苦救难、关爱众生的菩萨心肠。"诙谐中带有真意，学生们历来是最吃这一套的。听到刘文典所讲，他们不禁恍然大悟，也更钦佩他了。

因此，刘文典的课在学生中极受青睐。他上课从不用讲稿，学生慢慢与这位向其要烟都不会遭到拒绝的无架子教授熟了，胆子也大了起来。一次，有位学生直问刘文典："老师，您上课怎么不用教案？"刘文典笑了，他指指脑袋，说："全在这里。"如此自信的刘文典，给学生留下了深刻的印象。

刘文典思维缜密，且极具创新意识。合乎情理的创新称为妙，刘文典的很多论述也自是不愧为妙论的。

一次在课上，刘文典问起关于鲁迅的文章《白光》的问题来。"那是一具男尸，五十多岁，身中面白无须。"刘文典灵机一动，向学生发问："陈士成是个须发皆白的老童生，怎么会'面白无须'呢?"学生不解其意，自然难以答出。刘文典心里有些小得意，然后认真地解释起来："科举时代，应考的人无论多大岁数，皆称'童生'，填写相貌时一律写'身中面白无须'，鲁迅用这六字暗示陈士成到死还是个童生，而他之所以寻死也正是因为这一点。所以，鲁迅用这六个字来抨击不合理的科举制度，表面上很含蓄，其实很辛辣。"

如此妙论，只得细读文本，加之以自己的合理想象，方能不费气力地说出来。其实，刘文典也有自己的"小算盘"，在其令人惊奇的话语背后，藏着的是为吸引学生注意力这一目的。学生的兴趣都被他勾去，他在这时再报以深刻分析，学生们自然会恍然大悟，由此兴趣愈浓。不得不承认，刘文典"奇谈怪论"的话语背后，内涵也是极具价值的。

刘文典在阐述自己狂言妙论之时，多是在课堂之上，此时的他总是全身心投入所讲授的内容之中，甚至远胜演员对戏剧的理解。

一次，他在课堂上讲解李商隐最著名的一首诗《锦瑟》，不知多久，铃声大作，但他还停留在诗词的情感中不能自拔。20多分种后，他自顾自地"哦"了两声，感情这才慢慢平复，随即也发现，下课的时间早已过去。

万事皆非空穴来风，正因刘文典对文学艺术的那种投入，才造就了其被人津津乐道的奇妙理论。

一次，刘文典偶然中发现了学生使用参考书，便诙谐地戏谑道："去神庙烧香拜佛，烛光闪闪，烟雾袅袅，神佛真容常常模模糊糊、影影绰绰，只有拨开云雾，才能看清庐山真面目。"

除了妙论，他的狂言也比比皆是。"别人不识的字，我识;

别人不懂的篇章，我懂。你们不论来问什么问题，我都会予以解答。"刘文典在与学生的交流中说了此话。看似狂妄的不可一世，细品却发现，还真是没有他解答不出的问题。

"这两位诗人的诗，尤其是吴梅村诗，老实说，比我高不了几分。"在为学生讲解元好问、吴梅村诗词的时候，刘文典如此说道。他在严谨中极具诙谐细胞，而在这一方面，他的确是这般认为，最后又称其"比自己高"，或许是出于对古代大学者的尊敬。

刘文典一意钻研古典文学，却很瞧不起搞新文学创作的人。按他所说，"文学创作能力不能代替真正的学问"。一次，有人问他是否知道一位叫巴金的作家。当时巴金的激流三部曲几乎到了妇孺尽知的程度。而刘文典却沉思了一阵，诺诺地说出几个字："我没听说过他，我没听说过他。"

这样的事放在刘文典身上并不奇怪。他在西南联大中文系当教授时，就一直不把朱自清之类作家出身的教授放在眼里，而其对待沈从文的态度也更无须赘述了。

他极有个性，有时也让人觉得古怪，很难理解。对于自己的学生，他也往往口出怪言，仿佛故意让人看不清，听不明。

有一回，因教务繁忙，陶光——刘文典最喜爱的学生之一——很久没去拜见老师刘文典，这让他很过意不去，于是便抽出时间去看望恩师。一见面，刘文典就毫无理由地对其言语攻击，尽是些诸如"懒虫""没出息"，"把老师的话当耳边风"之类的话。陶光被骂得莫名其妙。

他想，学生也是人，没犯错误，容不得老师无理由的臭骂。他实在无法忍受，刚要反口时，刘文典一拍桌子，厉声道："我就靠你成名成家，作为吹牛的本钱，你不理解我的苦心，你忍心叫我绝望吗?"陶光听了老师的话,想想那句"吹牛的本钱",不禁万分感动,明白了老师的良苦用心,此后他们的师生情谊更是坚不可摧了。

还有一次,刘文典的另一个学生李埏向他借了一本《唐三藏法师传》。李埏翻阅此书时,不经意见在书页中看到了一张用毛笔画的小老鼠画像,看上去说不上惟妙惟肖,倒是憨态可掬。李埏不解其意,便向刘文典求解。

刘文典听后,忍俊不禁,他言,自己以前住在乡下,晚上看书时是要点上香油灯的,这就使得灯芯上的香油屡屡滴落在灯盘上。一天夜里,在灯下看这本书时,突见一只老鼠窸窸窣窣地爬到灯盘上偷吃香油。本来,是要取什么东西了结它性命的,可转念一想,老鼠也是在为了生计奔走,我读书也是为了生计,也算是同类了,何必自相残杀呢?随后拿起毛笔描出了一张老鼠画像夹于书中。李埏听罢,不禁深深感慨道:"先生真有好生之德!"

刘文典的妙论狂言,是足可编纂成一本小书的。其中有趣味,有真理,让人欲罢不能。他的内心活动,通常都是通过言论表达而出,如此独特之举,是足以吸引他人的。

醉卧竹林,大发绝论。刘文典虽不饮酒,也常常醉心于古来善本中。而其他人,也是常常沉醉在他的绝论里的。

第九章　慢慢独归远

1.　二云别居者

刘文典的一生，坎坷不平。或许出生在这个年代，并没有什么幸福可言，但事事不可预料，他所经历的，比一般人还要多一些，他的付出当然也就更多一些。

绕在刘文典心里的痛苦挥之不去，对生活的无奈，对未来的担忧，随便哪一个都足以让人倒地不起。刘文典也只是世上数十亿人中的一个平民百姓，虽然他所做的事、所成的名异于常人，可仍是有血有肉的凡夫，他也会在彷徨中寻找某个出口，只为那一丝安慰。

心灵上的思索和困窘，让刘文典沾惹上了使国人吃了大亏的东西——鸦片。人吸食鸦片后，会感到飘飘然不知所以，仿若在天空游弋般自在。这在当时，可算得上是一种虚幻的幸福了。哪怕只是那么一小会儿，吞云吐雾之间，也足以让人怡然，暂时忘却痛苦。人人都知道鸦片的危害，但在动荡的社会下，巨大的压力还是让很多人以身犯险，选择这种虚无缥缈的方式来脱身。

除去鸦片，刘文典的嘴也足够"贪婪"，他极爱肉食，尤喜爱云南的火腿，称其为世之佳品。那时候，人们的饮食水平普遍较低，有肉吃已经算得上是不错的了，但刘文典却不满足于此。

当时，刘文典的经济条件不是很好，加之云南当地的佳品——云腿和云土价格也不便宜，这实在让他的口袋吃不消，然而，他就着迷于这两种味道。这一事也被人们传来传去，成为众所周知的了，既是鼎鼎大名的刘教授之所好，外人就送给他一个知名的绰号——"二云居士"。

云南的宣威火腿确实美味。到了云南，刘文典变成了一个美食家，各处寻找好滋味，在遇到云腿后，他当真如获至宝一般，甚是喜爱。但相比之下，拥有上瘾特性的云烟，更合他的口味，他尤其钟爱着云南优质的烟丝。

但既为佳品，价格自是昂贵的。本地盛产的云土，的确让刘文典饱了口福，虽是本地特产可也并不是总能享受得到的。刘文典的工资虽说不少，也不至于让其过上锦衣玉食的生活。在混乱年代，能吃饱饭已属不易，怎能时时品尝美味呢？

为了满足口福，沉迷于烟草的刘文典只能在一定程度上节约了饭食，为的就是常常能品上好的鸦片。刘文典生来消瘦，于此般则更让他憔悴。虽然他也知道自己身已不堪，但就是无法割舍对鸦片的入迷。

后来，学生们回忆起当时当景，在西南联大吸鸦片的教授绝不只刘文典一人，但大概是因为他的名气太大，才成了"靶子"，被人牢牢记住了。提到刘文典，人们都会忆起这个称号，走到哪里，凡是认得他的也都不免把这"二云居士"的名号报上来，让人觉得很有趣味。

"叔雅人甚有趣，面目黧黑，盖昔日曾嗜鸦片，又性喜肉食。及后北大迁移昆明，人称之谓'二云居士'，盖言云腿与云土皆名物，适投其所好也。好吸纸烟，常口衔一支，虽在说话也粘着嘴边，不识其何以能如此，唯进教堂以前始弃之。性滑稽，善谈笑，唯语不择言。"周作人对刘文典的评价，大部分都与烟草有关，这更可见其是多么痴迷烟土，"二云居士"其名甚为贴切。

鸦片为近代中国之耻，亦为外国侵略中国的有力武器，事实证明，鸦片对中国的危害远远大于鸦片药性本身。它毒害的是中国人的思想，民众对鸦片的喜爱让他们迷失了自己，忘记了曾经许下的诺言，忘了士大夫的职责，这是万万不该的，他们没有意识到，自己所建立的信心是多么的不堪一击，可试想那时，他们的经历也是值得同情的。刘文典素以文人爱国为己任，前方无力控制，后方秩序混乱，可能宁静一时也是他需要的吧。

我们也理解了他沾惹烟土也的确是事出有因的。

那时的昆明，虽不致遭日军马蹄肆意践踏，但日子也一天一天地逐渐变得艰苦。前方吃紧，免遭战乱的后方，情形也不见得多好。战争最耗人力物力，何况面对如此重要的大仗，近代中国本就羸弱的经济链条更是被打得支离破碎——炮火下是无数百姓的性命。战争相持不下，一切秩序如突起风云，难以维控。物价飞涨，吃饱穿暖对任何人都仿佛已是奢望，青衣古灯的文人教授们一再节俭，也是无可奈何。

日军在践踏过前方后，也将眼光逐渐聚焦在了中国精华聚集的云南地界上。当一架架飞机在天空中次序而来，每时每刻都可能有炮弹侵袭，昆明的警报声也成了多少人心里的猛然一惊。刘文典的住宅在炮弹下轰然倒塌，乱飞的书稿衣物中，心理承受力的考验更加一层。是时，他不得不避于乡下，每日徒步走几里路。

"堪告慰于老友者唯有一点，即贱躯顽健远过于从前，因为敌人飞机时常来昆明扰乱，有时早七点多就来扫射，弟因此不得不黎明即起，一听警报声，飞跑到郊外山上，直到下午警报解除才回寓。因为早起，多见日光空气，天天相当运动，都是最有益于卫生，所以身体很好。弟常说，'敌机空袭颇有益于昆明人之健康'，并非故作豪语，真是实在情形。"刘文典给胡适的信中所提到的这般，是能看出他的乐观，可这也只是排解苦闷聊以自慰的话，言不由衷之情陡然可见。

屋漏偏逢连阴雨。在本就乐不起来的情况下，刘文典又遭受了当头一棒。手足之情在战争年代断送已经常见，但这种痛苦滋味也只有当事者了解。痛断肝肠的程度，让人无力发泄自己的情感。如果说刘文典的两位兄弟病故只能让他极度心痛，那么母亲的去世，可谓是真正的剧痛，也是他染上鸦片的真凶。

在刘文典决定前往西南联大任教时，就为此事想了很久。母亲年事已高，这让他十分担心。然而，为了自己的教学大业，他不得不留下母亲独自一人，可他的心是无时不牵挂着至亲的。

而今母亲已去，刘文典连最后一面也没有见到，他半辈子都在教书与革命中度过，自古忠孝不能两全的痛苦，他是尝到了。想起母亲生前对自己的种种情形，真是无语凝噎。子欲养而亲不待，他也想侍母尽孝，养母终老，但现实让他无力做出任何选择。好在母亲生时深明大义，并不要求儿子为自己做什么，反倒鼓励他为国效力。此时母亲已去，刘文典悲痛之感无以复加。

贫病交迫，备尝艰苦。生活的艰难也不是艰难，而是痛苦。国家内忧外患，亲人丧失，未来一片迷茫惨淡，刘文典对日后生活的信心也渐渐被磨得所剩无几了。难道自己的一生都要在战乱中度过，顶着被侵国民的帽子走完一世，更甚至，可能直到死也看不到国家的复兴？思及此，刘文典的内心常常莫名悲痛。

繁杂之事均压于心，该用什么来排解呢？刘文典本打算以沉醉于诗词中来暂时忘却现实的痛苦，但诗中难免落寞，词更惹人心碎。对于文字的钟爱，在这时也已经起不到作用了，国仇家恨，齐齐涌上心头，如鲠在喉，他这才渐渐染上了吸鸦片用以麻醉的陋习。

别人称他为"二云居士"，他也应答着。在外人眼里，或许他已渐渐看穿世事，鸦片确实能在精神上让他有些舒缓。他徜徉在自己用烟雾勾画出来的世界，不知他看到了什么，是国家扫平一切污淤，重焕光彩，还是亲友们并没有离开？一切只是一场虚幻，他是否能看到母亲的笑颜？也许，只有在鸦片中，刘文典才能有片刻精神上的休息和愉快。

当烟雾散去，回到现实，刘文典也只能逼着自己放下一切，潇洒一些，苦笑只留于心。

2. 闻刘不相让

1943 年 7 月，一纸解聘书，掀起了闻一多与刘文典之间的交锋。

事情的起因，即是刘文典"二云居士"的称呼。

刘文典因心情消极难忍，染上了吸鸦片的毛病，难以自持。他不分场合、地点地亲口称赞云南的鸦片为上品，到后来甚至到了饭可以不吃，鸦片不可以不吸的程度。但不管怎么节衣缩食，仍不能让他持续去享受上品。当时物价飞涨，刘文典本就生活艰难，家里也就没有闲钱供他继续享用鸦片了。

此时，一件突然之事让刘文典不由得有了兴致。

　　1942 年春，普洱大盐商张希孟为请学者为其母亲撰写墓志铭，特地派人前来昆明。不过，素来听闻此地瘴气肆虐，闻者无不排斥此地。于是，有人找到了刘文典，希望他可以出山写一篇文章，以此打破此地"瘴乡"之名，这是有利于此地日后发展的。当然，来者亦许诺，如果应允，除了提供巨额资金外，还免费供给刘文典鸦片数年，让其生活安稳。只这一下，刘文典就动心了。

　　刘文典的馋虫又被勾起来了，加之自己的薪金养活自己已是不易，家人更是生活艰苦，盐商提供的资金自然能缓解拮据之状况，就这样，刘文典接受了这个美差。

　　在 1942 年 4 月 1 日，刘文典跟随着盐商手下，一路去往看似平静实则复杂的普洱地区。

　　其实，此地隐藏着很多党员和进步骨干，其中还有不少西南联大的学生。他们按照上方指示，为了避免不必要的牺牲，被疏散于此地，在磨黑中学教书。盐商张希孟正是磨黑中学的负责人。他势力不小，又与国民党合不来，被疏散的同学们向他进行统战宣传。恰巧此时，他正想找一位学者为其母亲写一篇墓志铭，请学生推荐，学生们就想到了刘文典。

　　刘文典到此，主观上自己得到了丰厚的酬报，侧面来看，他的作用是掩护西南联大学生疏散。如此来看，这也可算是他并不正确的决定中唯一的一点补救了。可问题是，刘文典对此毫不知情，一直被蒙在鼓里。然而，无关乎他知情与否，他的这个决定，彻底颠覆了眼下及日后的人生。

　　从当时来看，刘文典的这一举动并不光彩，起码在同行看来是如此。君子不为五斗米折腰，这是士大夫所尊崇的。刘文典却为了金钱和鸦片，与剥削百姓的盐商来往，这大大损害了其原本的名声。

不仅如此，西南联大正常的课程也因刘文典的这一行为受到了影响。中文系教授本就短缺，所剩无几的几人既要兼顾中文系课程，又要为每一年级上通课。刘文典一走，课程的安排就更棘手了。

刘文典半年不归，引起了清华同人的不满，其中反应最激烈的是清华中文系主任闻一多。

闻一多，字友三，是中国现代伟大的爱国主义者，同时也是一位具有浪漫情怀的诗人。这样的人，眼里往往容不下沙子，而此时他眼里的那颗沙子就是刘文典。

闻一多给人以爱国战士的印象，他拍案而起、舍生取义的举动让无数人汗颜、钦佩。如此看来，就不难理解他与刘文典的"顶牛"了。

他与刘文典有些类似，都是一代名士，都有自己的思想和性格。但所谓惺惺相惜，在闻刘二人身上似乎用之不确。原因就在于，闻一多做事太过认真，容不得半点马虎，而刘文典的放浪形骸必定是他看不惯的，也是无法接受的。

刘文典在没跟自己打一声招呼的情况下就半年不归，任谁也不能容忍，闻一多极为恼怒。不说刘文典的吸鸦片行为让自己不愿与之为伍，光是他无故缺课一事，就可以说他是不负责任的，这岂能再忍？

是时正值5月，西南联大与各校在给教师发聘书。由于体制特殊，在此任职的每个教师都会收到两个聘书，即联大与本校。聘书一封封发出去，闻一多却不知道刘文典的聘书在自己不知情的情况下也已发出，待了解情况时，聘书已在路上。

闻一多见此，更是怒不可遏。他也是个急性子，丝毫没有给刘文典这位闻名的大师留一点面子，马上写信给刘文典，说即使发了聘书，也必须收回。在提笔前，他特意找了联大文学院院长冯友兰，提出制裁刘文典，先是对他执行停薪，然后考虑解聘。

解聘一位教授，绝不是说说就能办的事情，更何况在学校教师严重缺少的情况下，加之刘文典还是一位才华横溢的大师，此事处理不好，是会惹人话柄的。当然，从当时事情的发展来看，刘文典所做也确实是有些过分的。

闻一多带着火气把信发出去了。信中，甚至有"昆明物价涨数十倍，切不可再回学校，试为磨黑盐井人可也"之类激动的语句。奇怪的是，刘文典看罢信件后倒表现得十分大度，并没有把这事放在心上。

刘文典知道，闻一多有此激烈之言，是他一时泄愤之举，但他忽略了一个重要的问题，闻一多所说的并不只是一纸空文。事实证明，闻一多那"解聘刘文典的提议"虽没有得到校内同人的全体支持，但很多人也并没有反对，或者说，不少人已经默认了。这次，刘文典无论再如何写信辩解也已是回天乏术，不得如愿了。

待刘文典回到昆明，他才知道事情原委。在得知自己被清华大学彻底解聘后，刘文典自是恼羞成怒的。他此等狂傲之人怎么也无法服气，早年那个战士的血液又流淌了回来。自己的才学无人可匹敌，竟然被解聘？岂有此理！谁人敢为？恼羞之中，他错判了形势，认为事情并没有表现得这么严重，于是径直去司家营清华文科研究所找闻一多讨个说法。

当时闻一多正在和家人一起用饭。刘文典面红耳赤，激动地和他理论。闻一多也自然有话要说，他憋着的一肚子火正愁无处发泄，二人就在饭桌上争吵了起来。

闻一多一生率直无畏，而刘文典更是狷狂盖世。二人你来我往，互不相让，最后还是在场的朱自清尽力劝解，方才了结。

二位同门教授，因为此事闹起了风波，在学校里甚至是云南地区越传越广。刘文典的半年"出走"确实是不对，但闻一多的得理不饶人，也不能说一点错也没有。互退一步，本能轻松解决的问题，闹得一发不可收拾了。

刘文典在清华的日子，本可在其学术上取得更高的成就，而闻一多的举动，虽说整治了教学态度不够严谨之风，却让本就在教授方面稀缺的学校损失了在其研究领域堪称无敌的良师，对学校和学生莫不是极大的损失。

只能说二人皆非常人，想法都难以轻易揣测。常人各退一步的做法，是他们二人不能接受的，世人眼中可以化解的事情，在他们那里变成了教条、规矩。刘文典的做法虽不正确，也不是完全不合情理，体谅一下也属应当。当时，后方的物资过于紧缺，教工的生活没有好过的，就连闻一多自己也以为人刻图章度日，搞起了副业。况刘文典刚失至亲，他的烟瘾发作起来，是十分痛苦的。在种种条件下，才促使了他有那般举动。

可惜，闻一多不是性格平和之人。这从他的前半生致力民主革命，像斗士一样前进就可见一二。在这件事情上，刘文典若遇到其他的主任，大抵是保得住教职的。无巧不成书，谁让他碰到的是性格火暴的闻一多？两人针尖对麦芒，各有其理，又各不退让。

无论怎样，这场风波随着刘文典的离开终究是平息了。正因经过此事，刘文典在人生路上慢慢走向了低谷。在之后的日子里，他因此事吃尽了苦头。在思想运动中，他还因此时的吸食鸦片、离职出走被狠狠批判。人们也把他与闻一多的这段往事翻了出来，作为他不务正业、思想有问题的佐证。刘文典从离开的这一刻开始，就再没有如从前那般快意地纵横天下了。

3. 再觅他山石

闻一多在给刘文典寄去那封言辞激动的书信之前，和西南联大文学院院长商议对刘文典停薪，之后考虑解聘一事。冯友兰也觉得刘文典在此事的处理上确实不对，更难以为人师表。再看闻一多，一脸的坚决态度，于是决定听从他的意见，先对刘文典实行停薪处理。

解聘刘文典的消息一传出来，很多人都在为这位学贯中西的大才讲情。联大教授王力曾是刘文典学生，也为老教授求情。他回忆："我们几个同事去见闻先生，替那位老教授讲情，我们说这位老教授于北平沦陷后随校南迁，还是爱国的。闻先生发怒说：'难道不当汉奸就可以擅离职守，不负教学责任吗？'他终于把那位教授解聘了"。

刘文典在刚接到闻一多信时，不但没放在心上，也懒得给他回信，但越想心里越觉得不对劲，心里是有那么些许担忧的。为此，他着手给西南联大中文系主任罗长培写了封信，信中提到了自知事由欠妥，欲补过的意思："雨季一过，必然赶回授课，且有下学年愿多教两小时，以为报塞"。

刘文典自以为这样就无事，但让他意想不到的事情终究还是发生了。在闻一多的强烈要求下，清华大学果然按他所说，对刘文典停止了续聘。这让逍遥了半辈子的刘文典坐不住了，他原想这并没有这么严重，稍稍补救一下，事情便可过去。却不想，自己的一时放纵，竟真的丢了清华大学教授的位置。

一向有倚老卖老之嫌的刘文典，实在无法想到德高望重的自己竟落得被停聘的下场。还不止如此，在一位朋友的来信中，他得知还可能"有更进一步之事"。谁都知道所谓"更进一步"指的是何事，刘文典心急如焚。

刘文典曾跋山涉水到此地，只为了教书育人。而今，却要面临着解聘的危险。作为一个教师，他定是舍不得学生，舍不得三尺讲台的。而作为一个文人，被解聘无异于被羞辱，如何抬得起头来？何况刘文典历来自视甚高，这样的结果，如何能接受得了呢？

归根结底，他始终认为这也并非什么严重的原则之事。他觉得，这只是因为往返路途艰险难走，"登涉艰难，未能及时返校"而已，不至于解聘了自己。为了补救，他致信清华大学校长梅贻琦，这封信几经周折，最后由罗长培转交到梅贻琦手上。

信中说道："典虽不学无术，平日自视甚高，觉负有文化上重大责任，无论如何吃苦，如何贴钱，均视为应尽之责，以此艰难困苦时，决不退缩，决不逃避，决不灰心，除非学校不要典尽责，则另是一回事耳。今卖文所得，幸有微资，足敷数年之用，正拟以全副精神教课，并拟久住城中，以便随时指导学生，不知他人又将何说。典自身则仍是为学术尽力，不畏牺牲之旧宗旨也，自五月以来，典所闻传言甚多，均未深信。今接此怪信，始敢胫以奉询究竟……"

信中，刘文典把自己仍想继续执教西南联大的想法表达得淋漓尽致，他在等待，在希望，希望一切只是像他所说的那样，皆为传言，事态并没有严重至此。毕竟这件事对他来说，真的不是小事，千里之行，所为何事，只此教书不过，他怎么能看到事情此般发展？

　　刘文典心情焦虑，大约两个月的时间，他接到了梅贻琦的回信，心顿时凉了半截。或许许久不见回信的时候，睿智的刘文典就能大概猜出事情的结果了，但他仍不敢相信自己竟会被解聘。

　　清华大学校长梅贻琦，本是爱惜刘文典这位少有的大才的，既佩服他为国的热血豪情，也佩服他在古籍研究中取得的成就，但事已至此，他也是无可奈何的，作为一校之长，更要公事公办，不得给人话柄。刘文典磨黑一行确实让他感到不舒服，此举也让支持他的人也不得不循理而办，更关键的是，刘文典在此事上恰恰是说不出半点道理的。或许是难以取舍，梅贻琦把此事搁置了好久才有回信，但此事到此已是箭在弦上，绝无商量余地了。刘文典到底还是看到了让他失望的回信。

　　"复刘先生　日前得罗莘田先生转来尊函敬悉种切，关于下年聘约一节，盖琦三月下旬赴渝，六月中方得返昆，始知尊驾亦已于春间离校，则上学期联大课业不无困难，且闻磨黑往来亦殊匪易，故为调整下年计划，以便系中处理计，尊处暂未致聘，事非得已，据承鉴原。琦　九、十。"

　　一句"事非得已"，结束了刘文典在清华大学的教师生涯。的确，损失一位国学大家，任谁都是事非得已，极度不舍的，更何况又是有着旷世之才的学者？但就事论理，刘文典所做所行确实有违师道，校方也不得不忍痛割爱，以儆效尤了。

　　至此，刘文典算是与清华大学缘分已尽，再无机会有一点牵连了。西南联大的学生们再看不到那位拖着长衫扫地而行，足着破履，面无生气的个性教授了。再没有哪位教授所讲的能如此吸引学生，让他们深入其境了。刘文典经历了安徽大学的离别，如今又要离开自己抛家弃子只为教书的清华大学，哀叹也是必然。

刘文典在清华大学，在西南联大都留下了字字珠玑的经典——他讲《月赋》，可以让听者沉醉，不知往返；讲《海赋》，就能把海形容得澎湃汹涌，仿在眼前；每逢讲授诗歌，他常常摇头晃脑地吟诵，还要求学生模仿，并放言，"诗不吟，怎知其味？"但凡来上课，他总不会让学生空空而走，都会有所收获……

刘文典在他有限的执教生涯中，把最精彩的部分大都留给了清华大学、西南联大。谁也不会想到，刘文典这样的狂人，会在这段教育史上的传奇院校中以这种方式离开。他本可以在这里一直教下去，让学生更彻底地洞悉类似于"观世音菩萨"的行文知识。显然，他的离开，无疑是让人倍感唏嘘感叹的。

好在，刘文典的治学之路并未就此终结。在被清华大学解聘后，很快，云南大学向他伸出了橄榄枝——聘请他为教授。校长熊庆来聘请刘文典到云南大学，肩扛"龙氏讲座"，此后，《杜诗研究》《温李诗》《文选学》《文赋研究》等课程都出自刘文典之口。

也即是从这时开始，刘文典始终在云南大学任职文史系教授。显然，外界眼中的刘文典无论如何放荡不羁，但其有惊人才学的事实，还是受到他人肯定的。是时，刘文典终于有了安稳之所，还不及想象未来之事，而他无论如何也不会料到，云南大学岁月，并不是他生命里的安详之地。

刘文典离清华而入云南大学，暂时有了落脚处，闻一多却深觉他在做过那些荒唐事后，已不配为人师表。

1944 年 7 月 10 日，受国民党教育部高教司司长吴俊升的邀请，西南联大、云南大学、中法大学文法学院主任共同讨论《部颁课目表》的修改问题，闻一多即是当众再次表达了对刘文典的不满，且还不忘痛讽一番。

吴宓在其日记中曾叙述了此事，"谓幸得将恶劣之某教授（典）排挤出校，而专收烂货、藏垢纳污之云南大学则反视为奇珍而聘请之"。当时云南大学代表听了闻一多之言，十分尴尬。"云南大学在座者姜寅清无言，徐嘉瑞圆转其词以答，未敢对闻一多辩争。"闻一多的独断霸气再次可见一斑。经历过闻刘风波后，很多人也重新认识了这位意气风发的闻教授。

太多的事实证明，刘文典当初的普洱之行是让一众文人们无法接受的。只是，闻一多在刘文典已被解聘的情况下仍口出恶言，也的确有失身份。

到此，刘文典在云南大学开始执教，也开启了他全新的一段旅程。或许让他慰藉的，就是他身在云南，还有火腿和烟土供他享受。那时的他虽被清华大学解聘，但在云南大学的薪资反倒比以前高了，这也算是对他唯一的一点安慰吧。

直至抗战结束，西南联大的教授通通北返，可刘文典却并未离开，最后也长眠于此。起初，他在云南大学的时光是自由美好的，可等到思想运动之时，恐怕他也只恨自己为何不早点离开吧。那里，有他满足的环境，也有他不堪的未来。

4. 再结云水情

纵观刘文典的一生教学履历，往往越是前期越是辉煌，但结果总是令人不甚满意，总因种种遗憾告终，颇有虎头蛇尾之感，这与他的性格和外界的插手也不无关系。

刘文典性格张狂、口直心快、不顾及他人感受，对于人情世故之事完全不是行家。与这样的人相处，开始时会为他们所倾倒，但相处久了，不免会觉得有些"过分"，让人接受不了。不过，也就因为如此，他的一生才堪称传奇。

云南大学，成了刘文典的最终归宿。

刘文典入驻云南大学，跟一个人不无关系，那就是他一辈子最敬佩的"教授中的教授"——国学大师陈寅恪。

刘文典向来对陈寅恪是"十二万分"的敬佩，倘有人说他的不是，他必破口大骂。而陈寅恪，也有过对刘文典这样的褒赞，"先生之作可谓天下之至慎矣。"陈寅恪和刘文典同为清华大学的招牌，同是中国当时最顶尖的大师级人物，二人因为兴趣相投，人格相敬，亦是十分相惜的。

听闻刘文典被解聘，陈寅恪心里自然是不好过的，一是他与刘文典私交甚笃，二是不忍心看如此大才空对风月，那简直是暴殄天物。于是，他便将刘文典推荐给了云南大学校长熊庆来，恰好刘文典非常喜爱云南的特产，再则云南大学的待遇比联大还要稍高一点，这也更进一步解决了他的生活问题，两相融合，也可让他少些委屈。

云南大学校长熊庆来，对刘文典被解聘的事早有耳闻。先前，他与刘文典同在清华任教，虽科目各异，也可以说是仕出同门。拥有卓越的识人眼光的熊庆来认定，云南大学欲更进一步，必须拥有最顶级的大师来助他们一臂之力，这也能使得学校的学术氛围更浓厚和深沉一些。

曾发现并培养了数学界的天才人物华罗庚的熊庆来，堪称当时的"伯乐"，发现人才、培养人才、爱惜人才，是其历来的治校作风，这对迷茫中的刘文典而言，自是一剂良药，这同时也与其不甘心断了教学生涯的心态不谋而合。

当时，刘文典因那件"出格"的事，令很多人都深感失望，不少曾尊崇他的师生也因此有了怀疑，一张张亲切的笑脸渐次退去。他们其中，最出色的代表闻一多，更是给这些人做了表率，排斥刘文典的风气一时间兴起。在这种情况下，熊庆来却独具慧眼，可以说绝非俗辈可及。国家正值蒙难之际，人才的重要性不言而喻。

"我劝天公重抖擞，不拘一格降人才"，虽成为一些人治校的根本，但却并没有踏踏实实地落地行之，换言之，那时缺少发现的眼睛。能真正践行此言的，恐怕也只有熊庆来了。

对于刘文典，应该在看重他的同时接受他的错误，古语有云，浪子回头金不换。刘文典堪称"天才"，又怎能因其一些性格及处事态度的缺陷，而将大才置之不顾呢？他强烈的民族气节和过人的学问，是足以盖过那一点过失的。

更何况，刘文典个性不俗，倘若真因被解聘而气极，决定从此不再出山，这对中国知识界以及云南大学的建设都是重大损失。盘算清楚种种利弊，熊庆来收到陈寅恪的来信后，不敢有半点怠慢，仅稍稍与云南大学文法学院院长姜亮夫商量了一下，取得其支持后，就当即向在家待业的刘文典发了一封信。

"叔雅先生史席：

久违道范，仰止良殷。弟忝长云南大学以来，时思于此养成浓厚之学术空气，以求促进西南文化。乃努力经年，尚少效果，每以为憾。尝思欲于学术之讲求，开一新风气，必赖大师。有大师而未能久，则影响亦必不深。贤者怀抱绝学，倘能在此初立基础之学府，作一较长时间之讲授，则必于西南文化上成光灿之一页。用敢恳切借重，敦聘台端任本校文史系龙氏讲座教授。月支薪俸六百元，研究补助费三百六十元，又讲座津贴一千元，教部米贴及生活补助费照加。素识贤者以荷负国家文化教育为职志，务祈俯鉴诚意，惠然应允，幸甚幸甚。附上聘书一份，至希察存。何日命驾来昆，并请赐示，以便欢迓。专此布达，敬请道祺。"

熊庆来的确求贤若渴，信中所提的薪资远超刘文典在西南联大时期的那点工资。而身为校长的他，薪俸是与刘文典一样多的，真可谓待遇优厚。刘文典在接到来信后，自不能拒绝此等厚意，决定接受邀请去云南大学执教。

一来，刘文典当时已无退路；二来，熊庆来的真挚情谊也感动了他。这封热情洋溢的信，足以暂时宽慰刘文典失落的心情。

熊庆来在信中所提的"欲促进西南文化"，也是刘文典接受邀请的一点缘由。曾创办安徽大学的他，深知云南大学根基未稳，缺少学识过硬的教师。云南大学的早期创建也与安徽大学颇为相似。那时的云南大学学院，教授、教师都是极少的，学生更只有 302 人，教学设备简陋，师资水平不高。熊庆来任职校长以后，在他的诸多努力下，才有真正的大学者前来执教，但也未能长久驻此。

这些现实，与刘文典当初的办学经历十分相似，他感同身受，又怎能熟视无睹呢？

有大师而未能久矣，则影响亦必不深，只有一个可以扎根于这里的人的到来，才能改变现状。刘文典知道，自己就是那位可以帮助云南大学提高教学水平的"大师"，而成为"西南文化上成光灿之一页"，也是众人都想看到的结果。

1943 年 11 月 29 日，刘文典正式到达云南大学，仅过了一周时间，他便投身于授课任务之中了。

抗战结束后，西南联大的众多教授们陆续返回北京，刘文典则因个人爱好继续留在云南大学执教。

是时，刘文典受云南大学校长熊庆来之聘请于此为教，这也让一些人恼怒。不少志士、好汉，表现得颇为酸腐泼辣，自然以闻一多为甚，尤其他那句裹挟着"烂货"的言语，实在让人颇感不雅。而独具慧眼的熊庆来却依然不为所动。

熊庆来的看重与照顾，让刘文典十分欣慰，此时的他因种种原因虽已无年轻时的一汪热血，但脑中的价值还是不可小觑的。

在云南大学执教以后，校方对刘文典格外器重，特意在校园内为其盖了三间小屋，并任命其为文史研究室主任导师。士为知己者死。刘文典欣慰的同时，也确实用心发挥着自己的作用。云南大学的师资力量，也因刘文典的到来，实力大增，校园的学术氛围和学术成就也有了突破。

在课程上，刘文典一人就新开了王维诗、李义山诗、温李诗、慈恩法师传、瘦子山集、汉魏六朝、文选、庄子等诸多课程。历经风云的老教授如今真正安逸下来了，作为一个育人者，最重要的就是在学术上起到一呼百应的作用。

刘文典的到来，让云南大学的学生开始重视国学的独特魅力，来听其课者常常人满为患，原因便是，理工科等不对门的学生亦想一睹刘教授的风采。宽敞的教室，总是给人一种拥挤之感。

同门教师也时常在教室里寻得一角坐下。当时，中文系四六级学生张一鸣在《听刘文典讲庄子》的文中写道，"刘文典上课有些外系乃至外校学生慕名前来旁听，课椅坐满了，就在墙边地角和过道两旁站着听。"刘文典或许感动于此时此景，在云南大学整整执教了 15 个年头。

悠悠十五载，刘文典不再有惊人的事迹入耳，只是专心地投入到自己一生的教育事业之中。

云南大学慢慢地也日渐让人瞩目，这与刘文典的努力确有关系。诸多日后的举国闻名的学者大师，都出自刘文典的培养。其研究被誉为"标志着中国古典美学的总体特征走上了一个新的台阶"的张文勋教授，就是刘文典一手栽培而起。

更难能可贵的是，刘文典在三尺讲台上辛勤躬耕的同时，并没有忘记自身的学术研究——《说苑斠补》堪称云南大学建校以来的巨作，而《庄子补正》一书，更是在学术界上难求一败，刘文典人生的辉煌似乎已去，但其学术上的巅峰，正是在云南大学执教时期得到了更好的正名。

在云南之地，刘文典似乎已成为招牌，鲜有人不知。"云南大学的刘文典"，也越来越多地出现在民众茶余饭后的津津乐道之中。云南大学，开始成为刘文典的快乐之地。

一生颠簸的刘文典，在这里度过了人生中较为平稳的一段时间，而且是很长的一段时间。在一位学术巨匠的教学生涯中，最后的时光并没有多么悲凉，这可算是其一生中少有的福事了。

在这段时间，他经历了久违的温暖，在云南有好食好烟和好的治学环境，也正是此时，一部部精致深入的作品问世了。安享学生们的爱戴，有足够的时间和精力研究古籍，他那原本瘦小的面庞在此逐渐有了生气，面色也更加红润。

第十章　桃李满天下

1. 百燕独翘首

汉李广之射虎没石，蜀刘备之双剑顾应，楚项羽之拔山气力，唐薛礼之天山三箭。走在历史前端之武士，总有属于自己的代表事件。而历史上的精彩时刻，也不只属于让人视觉感官更觉刺激的将领身上，文人的精粹之处，亦总是让更多人赞叹不已：诸葛亮出师表名作，张若虚的春江花月夜，柳三变八声甘州，杜工部三吏三别。功底之深厚，情义之丰富，每每读来，总是赞叹他们是如何将心之所想体现在这绝伦的代表作上的。

近代中国堪称代表作的，其价值已不复从前，而配称"代表作"之名的名家也日趋少有。刘文典，更是这少有人群中的凤毛麟角。他的代表作《庄子补正》，让多位大家都赞不绝口，自叹弗如。

陈寅恪为这本书作序时，观后不禁叹曰："先生之作，可谓天下之至慎矣！""将一匡当世之学风"，以后他又多次肯定刘文典在庄子研究方面的成就。

刘文典对自己在这方面的造诣也是十分肯定的，他在炮火下逃跑时，曾放言："我炸死了，就不再有人讲《庄子》了。"

不再有人，是因为除了他，无人能讲。在云南大学文学系的迎新晚会上，系主任向座下学生介绍了刘文典，"这位便是刘文典先生。刘先生学术广博，古典文学的造诣尤其渊深，对《庄子》的研究更是独辟蹊径，成就超卓。现在请刘先生给大家讲话！"

刘文典亦不推辞，娓娓说道："我一向不参加这类活动。听说新一届新生的入学成绩不错，我心里高兴，就破一次例，来看望看望大家。我不教你们，教的是你们老师的老师。说到《庄子》，不是什么研究的蹊径问题。古今中外的那些'学者'不论经由什么蹊径，皓首穷经，勉强算是挨近了《庄子》的，寥寥可数。算起来，全世界真正懂《庄子》的人，总共两个半。一个就是庄子，一个就是我自己，中国的《庄子》学研究者加上外国所有的汉学家，唔，或许可以算半个。"

言下之意，除了庄子本人，只有他自己真正懂得庄子。在西南联大时，刘文典总是喜欢丢出一句"《庄子》我是不太懂的"，让这句话成了庄子研究课程的开场白。台下的学生一惊，这位教授倒是十分谦虚，而随后刘文典又不急不慢地补了一句："那也没有人懂！"这样的开头，也常让学生会心一笑。

刘文典对庄子的研究所产生的独步天下的自信，也并非空穴来风。毕竟在当时，也确实找不出比刘文典更懂庄子的专家学者了。早在 1923 年时，他在给胡适的信中，就透露出了想要校勘《庄子》的伟大计划。

"《庄子》这部书，注的人虽然很多，并且有集释、集解之类，但是以弟所知，好像没有人用王氏父子的方法校过。弟因为校《淮南子》，对于《庄子》也很有点发明，引起很深的兴味，现在很想用这种方法去办一下，也无须去'集'别人的东西。只仿照《读书杂志》的样儿，一条条的记下来就行了，有多少算多少，也无所谓完事，做到哪里算哪里。这样的做法，你要赞成，弟预备等书债偿清之后就着手了。"

胡适自是比较支持刘文典的想法的，而让刘文典万万没有想到的是，校勘《庄子》这一本在他看来并不是很难的事，却一直持续了十余个年头。在这段时期，他经历了离开北大、回到故乡筹办安徽大学、一段风波后又回到清华大学承担繁重的教学任务等事情，这使得他无力抽身做研究了。直到其后的噩耗传来，又间接让他重新回到了书屋中——他的长子刘成章早逝，悲伤中的刘文典，为了转移自己的视线，把更多精力放在了校勘《庄子》上。

刘文典对于《庄子》的研究和喜爱，人人都看得出来。在抗战时期，他去往云南背着的包袱中，除了所需的干粮外，唯有尚未完成的《庄子补正》书稿。

在西南联大期间，刘文典也开设了庄子选读这门课。一次，他在基督教文林堂演讲，对于《庄子》第二十七篇《寓言》中"万物皆种也，以不同形相禅，始卒若环，莫得其论，是诏'天均'"中的"天均"，他解释为"nature balance"，此果然一针见血，绝无半点啰唆，这个观点的提出简直让人大开眼界，大呼过瘾。

在《庄子》的研究上，刘文典付出了常人无法想象的精力、心血。无人生来就拥有懂得一门学问的能耐，更何况《庄子》是如此玄奥难解。刘文典天资聪颖，后天勤奋，可校勘《庄子》这等著作时，也不是信手拈来的。

历经无数日夜的苦读与勤思，在西南联大期间，刘文典终于完成了《庄子补正》的书稿，收列《庄子》内篇、外篇、杂篇的全部原文和郭象注、成玄英疏，以及陆德明的《经典释文·庄子音义》等。时代大家对庄子的见解、研究，都被刘文典旁征博引，融会贯通。经历了痛失爱子的苦涩后，刘文典醉心于庄子的研究中，才暂时忘却了痛苦，也将这种痛苦转化为了动力和成就。

《庄子补正》完成后，刘文典说："前人校释是书，多凭空臆断，好逞新奇，或有所得，亦茫昧无据。今为补正一字异同，必求确诂。若古无是训，则案而不断，弗敢妄生议论，惧杜撰臆说，贻误后学而灾梨枣也。"他用此来阐述自己一生用力最多、心血最盛的著作的标准。

《庄子补正》，标志着后人对庄子的研究达到了一个前所未有的高度，同时也印证了刘文典是研究庄子的第一专家的美名、"第二个庄子"的地位。

刘文典在完成这部巨作后，对其像是母亲对孩子般的欣赏，他还特意在西南联大开设庄子研究的相关课程，多次向学生们讲解他的研究成果。他对于耗费自己诸多心血的作品，同时也是让自己满意的作品，自不会吝惜口舌向别人分享其中的奥妙的。

很多人评价刘文典对庄子的研究惊为天人，可见其所处地位之高。而他本人，逢人便说的"庄子之论"并非他自夸自傲，而是确实如此。

《庄子补正》，以佶屈聱牙的古文书写，全文也从未出现过现代的标点符号，让人难读难解，这也成为了此书广为流传的瓶颈。除了有一定文学造诣的文人、学者或学此专业的学生外，其他人虽知此书价值甚高，但仍是不爱读的。

刘文典是以文人角度"补正"，力图还原本真，也就忽略了"流通"的问题，未能站在读者的角度思虑，着实是有些欠妥的。

但不管如何，《庄子补正》其中的价值是难以估量的，对于懂得这本书的人，自是不用赘述的。同类的庄子校勘书籍，也始终难以超越《庄子补正》。刘文典作此书常夜以继日，其良苦用心，也绝非只为了证明自己是"第二个庄子"，更不是为了显示自己的学术身份之级别。他在自序中曾说道：

"庄子者，吾先民教忠教孝之书也，高濮上之节，却国相之聘，孰肯污伪命者乎？至仁无亲，兼忘天下，孰肯事齐事楚，以忝所生者乎？士能视生死如昼夜，以利禄为尘垢者，必能以名节显。是固将振叔世之民，救天下之敝，非徒以违世，陆沉名高者也。苟世之君子，善读其书，修内圣外王之业，明六通四辟之道，使人纪民彝复存于天壤，是则余董理此书之微意也。"

这是刘文典用心治学的表现，目的就在于，乱世当中，杀伐不堪，学者名节犹为重要。通过整理庄子一书，也希望能重新整理学者的心，让更多的人重拾"文人的羽毛"。

刘文典通过这样的文字传达着自己，虽人有傲气，但更多的是傲骨，铮铮铁骨不曾低垂，反而吟唱得更加响亮，只为曾经许下的愿望和儿时听过的教诲可显于俗世。

庄子生活的时代，同样是战乱频仍，人心丧乱。然而，庄子的思想却有助于人们在困难的处境中对自我的生活进行重新安排，即使生活困苦，也能知足享乐，守正义之身。刘文典在读过《庄子》后，看到中国革命不容乐观的现状，写就新时代下的"第二本庄子"，其心不可谓不善，可惜结果却不够理想。

《庄子补正》虽受文杰的赞誉，但购买者甚少，读书者也并不多，想告诫大众的刘文典并没有收到期待的效果。然而，只要有一个人读过，有一个人受益，那么他的书就有了价值，更何况已经有那么多的人因他而改变了。

天下之大，无出其右。刘文典对庄子细心研究的同时，也成就了自己。在庄子眼中，凡夫俗子就仿佛几只蹦蹦跳跳、慌慌张张的小雀，为官者是一群猪猡似的脏东西，文人墨客则犹如终日争吵打闹的猴子猴孙。文人相惜，在刘文典眼中，世人也同样是此般模样。他们"独与天地精神往来"的态度是如此惊人的相似。而他们之间又有一个共通点，就是同样"傲视天下"。当然，庄子可能表现得更为含蓄一点，刘文典则为狂傲，而熟悉他二人作品的人都可知，其本质并无二处。

这般来看，刘文典不愧为"第二个庄子"。而在融合了庄子的思想与自身的特质后，每晚 10 点开始校勘工作至次日 7 点的刘文典，也成为了绝世独立的"第一个刘文典"。

今世，古代文学又绽放出了新一轮的活力，对于《庄子》的研究也愈发后继有人，但显然没人能达到刘文典的高度。刘文典所著的《庄子补正》，也成了现今学者研究庄子理论和庄子书籍的一个重要参考，这是刘文典之能穿越百余年后，在今日发挥的力量。

历史的长河汩汩东流，河内的珍贝异秀却始终在那里，不曾流逝……

2. 玉溪敬仰情

刘文典的狂，是中国传统文人的人生追求和目标，他们用铮铮傲骨证明自己向往自由、追求前行的精神。

一生跌宕起伏，一腔热血纵横天下的刘文典，也有倍加敬重，将自己置于下者的人，比如陈寅恪和胡适。陈寅恪与刘文典相互敬重，胡适亦是刘文典一生关系密切的挚友。而以人格去衡量，玉溪的两位历史英杰，同样是刘文典真真正正敬佩的人。

刘文典的古文功底极为深厚，其中最深之一就是骈文。他的骈文高深莫测，堪称绝顶，无人可与匹敌。许多人为求得他的一篇文章不惜一散千金，但刘文典并不为其钱财所动。遇到自己看着良善的人，他会不收分文以文赠之，而所遇之人若是为人所不齿者，就算以金山银山来换，亦不可得逞。在刘文典的一生所著文章中，有两篇较为特殊，而能让他酣然起笔的人，其人也必有过人之处。

这两篇骈文，一是《李仪廷将军七十寿序》，一是《唐淮源将军庙碑》，二人皆为当世名将。依理，文人怕是未必看得起粗犷的武人，实则，志气相投必然相惜。刘文典虽具渊博之智，但并无法亲临阵地报国，而他对为国抛颅洒血的人杰怎么能不钦佩呢？

李鸿祥，字仪廷，玉溪大营街杯湖村人，其人善于领兵，指挥若定，又颇爱文史。李鸿祥早年曾留学日本士官学校，在云南辛亥革命中作用非凡，率先打出了"重九起义"的第一枪，在其睿智率领下，光复成为必然。

其后，他又率兵转战川地，成其护国良将之名。后曾担任统率全省军队的滇军第一师师长和云南民政长等要职。由于功劳显赫，于1919年被授予将军府懋威将军。半生戎马的李鸿祥并非粗鲁武人，在文化事业和经济建设上亦颇有见解。

抗战结束后不久，李鸿祥与刘文典有了令彼此一生难忘的交集。他邀请刘文典、钱穆等几位教授到玉溪观览，刘文典此行十分畅快，李鸿祥对他也是悉心照顾，闻其嗜烟，竟就每每沿途特意为其安排吸烟处所，并亲自安排侄子——云南大学学生李光溪全程陪同。沿途风景壮美，令几位教授赞不绝口。

这次游览，刘文典等几位教授都受到了极高的待遇，旅途让人如痴如醉，李鸿祥等周到的安排更暖人心。大士庵、涩水井、九龙池、杯湖村等名胜地区，李鸿祥无不随时陪伴。此次行途，让刘文典抹下了浓墨重彩描绘玉溪的《重修玉溪大桥记》，同时也与李鸿祥结下了深厚友情，一见如故，友情深切。

李鸿祥为将时的仁义勇，让刘文典心生钦佩，而其文史研究的水平，也足以让刘文典存有敬意。他主持修撰《玉溪县志》，一手策划的《玉溪文征》五卷亦有出版，并著有诗作《杯湖吟草》。早年从戎，投身兵戈，而晚年却又专心于文史，的确堪称儒将。李鸿祥杰出的文武才能，让刘文典对其评价有着十足的褒奖之情。好友七十大寿际，刘文典少见地提笔，不惜赞笔为友人著文。

"为天下之大老，作海内之灵光，如玉溪李仪廷将军者乎？"

很难想象，这等词句竟出自一向恃才自傲的刘文典之口，想来，李鸿祥自是令他万分钦佩之人了。在赞誉上，刘文典不惜笔墨："研文史于三冬，诵诗书于二酉。折旋儒学兼等释老之门，轩轾武庠入孙武之堂奥。量沙计米，擅磨兵减灶之奇；拔帜搴旗，究贯札穿杨之妙。遂乃道通三路，学贯五明。奉檄治兵，练才讲武。裹粮坐甲，鼓鼙肃行阵之容；仗信推诚，歌舞表将军之度。"刘文典精美的言辞中，确实是最真挚的情感。

刘文典也想杀敌救国，只是限于其身无能无力，然有痛创敌人锐气，涨中华之威者，他自然是要把他放在心头之上的。莫说与之交好，即便是与其并无见面之缘，但只要这人有侠义心肠，刘文典的敬佩仰慕之心仍穿透古今生死，让人嗟叹。

"滇军完人"唐淮源，字佛川，云南江川人，抗日名将，猛将。其人生坎坷不已，少年丧父，让唐淮源养成了坚韧刚毅的性格。从军后参加了重九起义、护国运动和北伐战争等多场大战。多年的戎马生涯，让他勇猛顽强，手下军队也是所向披靡。

抗战爆发后，"不破日寇誓不还"的唐淮源任第三军军长，率部守御抗日要道——山西中条山，敌我悬殊，唐淮源仍率部多次大败强敌，大涨国军声威。

唐淮源纵横天下，杀敌无数，日军视其为大敌。在普遍轻视中国兵士的日本人心里，唐淮源渐渐成为了他们心中的隐痛和恐惧。

1941 年 5 月，日军聚集十余万兵力再次大举进犯中条山。黑云压城城欲摧，战刀透着饮血的信号。风口浪尖上的唐淮源并无惧色，抽刀相战，置命死搏，坚守阵地多时，弹尽粮绝。

阵地上的唐淮源，对着苍天无可奈何，成事在天，战至最后一刻，应已无憾。日军就要冲上来了，国人岂可为外邦鼠辈所辱？唐淮源终自戕殉国，在 55 岁的壮年，放下了手中的义刃。

唐淮源的牺牲，震痛了全国。

1942 年，第一战区司令长官署召开了为唐淮源及牺牲将领举行的公祭大会，以此追悼。蒋介石、林森、毛泽东、朱德等国共两党军政要人不分派别，此时有了共同的想法，他们都表达了自己的敬意，献了挽联和花圈，表达吊念之情思。在这种场面下，一切都显得不重要。

唐淮源大无畏的爱国情怀，盖过了一切可笑的争执。在场的人无论军民，都被此景感染。同国仁义之师牺牲，难道还会吝惜哀痛与眼泪吗？

为真正的伟人悼念不分区域、不分形式、不分时间。云南省在 1942 年 6 月 6 日紧接着召开了追悼大会。此时，人们为哀痛及心中仅存的一点热情所感，倾城而出，万人空巷。不同于领导莅临，此时人心皆为至真至纯。省主席龙云为唐淮源主祭并致悼词。全国各大报刊均提笔作书，以"国土未复失壮士，碧血千载染中条"为题，随处可见唐淮源和第三军的英勇事迹。这时的人们心是齐的，多年的战争让老百姓也同样变得难以再屈服。

1946 年抗战胜利后，云南各界人士又在昆明再次举行悼念活动。英雄永远不会被忘记，哪怕日日悼念也不为过。

身在校舍中的刘文典，心在战场。唐淮源的英勇事迹，自然让性情中人刘文典十分感动。1947 年 3 月，江川县"奉省府命及朱秘书函，建立本县唐公佛川忠烈祠"，邀撰文之大家刘文典为其作碑文，《唐淮源将军庙碑》由此而生。

"非忠贞秉之自然，壮烈出乎天性，孰能临难引义以死殉国斯者哉？"刘文典无法控制自己的情绪，文章一挥而就。

3. 教无案之书

论中国近代最高等学府，清华、北大自不能让，首推其名，历史上无出其右。两座大学并肩而立，成为了多少苦读学子的梦想。师资水平，也是清华、北大之所以有如此盛名的主要原因之一。当时，很多顶尖的教授都汇集于两校之中。若非要在这二校之间抉择，实在不易。这种抉择，并非只是学生的难题，刘文典也曾为此伤透了脑筋，更让他不得解决的是，清华、北大追其甚紧，恨一身不能二用。

罗家伦任清华大学校长时期，曾多次聘请刘文典为清华教授，爱才之心甚矣。而北大届时也是惜才如命，把刘文典"困"于其中，拒不放人。

荆山之玉，谁人不爱？

刘文典若展翅堪比九天之凤，这让二校陷入了对他"争夺"的旋涡之中。刘文典当时绝对堪称国内屈指可数的大家，这才引得举世闻名的两所高校倍加推崇，后来几经商议，得出了一个折中的结论：刘文典到清华执教，但仍兼任北大教授。特殊年代，知识是倍加可贵的，此事虽不合常理，但乱世中也确该从简。

刘文典之所以炙手可热，除学识外，其随兴而至的上课风格也颇得诸位学生的倾心，"大一国文不选杨遇夫先生，不选俞平伯先生，也不选朱自清先生，而单选这位善解文字、给人种种不同印象的刘叔雅先生。"这是当时大部分学生做出的选择。

刘文典本身的文学成就，是学生们做出最终选择的原因，而他的传奇经历和教学风格也一样令其很受欢迎。

一次，刘文典上课时，有一位学生不知是要逗一逗这可爱的老教授还是怎的，忽地站起来说："先生能不能再大声点，后面的听不见！"

刘文典问："今天到了多少人？"

答曰："三十多个人。"

刘文典说："我上课，教室里从来不许超过三十人的！今天不讲了。"说完便站起来，拂袖而去。

一开始，学生们只是知道这是位有性格的教授，但却没想到他竟如此有趣，见识过后都忍俊不禁。

越是如此，学生们就越愿意在其讲课时到场。每每上课，刘文典都不会让学生感到失望。他纵横教育界多年，也练就出了别人模仿不来的本事。

刘文典上课有个特点，他总是带着自己的那一包教具，下课时也总是看到他收拾教具后背着小包袱离开的情景，但他大多数情况下并没用过那些教具。他上课时，通常有 30 多分钟所讲的内容与本科目有关，剩下的就全凭自己即兴发挥了。不过，他每次都能说出个所以然来，讲到兴头时，也常常忘了下课的时间，而教案，他是从来不用的。

在教案这件事情上，刘文典是受到过质疑的。很多人觉得，刘文典没有教师应有的认真，完全为了省事，但按他本人所说，教案就在他心中。在讲课这方面，他仍如其性格一样，也是不羁的，更懒得与他人争辩。

在授课上，刘文典一直信心十足。课堂上的他表现得沉着若定，其学者的翩翩潇洒风度在不知不觉中就展现了出来。初见刘文典，大多人皆为他其貌不扬的外貌生疑，但凡是听过他讲课的，没有不对这位长衫瘦老儿满心敬佩的。

刘文典本人博闻强记，他在授课时常包罗万象。在讲《圆圆曲》《万古愁》两篇文章时，他竟能把明末清初的事迹毫无遗漏地全部说予学生，黑板上尽是典故，这让学生万分佩服这位教授，也在这小小的身躯中看到了光。

"教案自在心中"，所言不虚。

刘文典的学生何兆武在记录其上课情景时写道，"西南联大的时候，刘先生大概是年纪最大的，而且派头大，几乎大部分时间都不来上课。比如有一年教温李诗，讲晚唐诗人温庭筠、李商隐，是门很偏僻的课，可是他十堂课总有七八堂都不来。偶尔高兴了来上一堂，讲的时候随便骂人，然后下次课他又不来了。按说这是不应该的，当时像他这样的再找不出第二个，可他就这个作风。"文中明看，并非推崇刘文典的做法，但实际上，何兆武对老教授的喜爱之情已在字里行间表现出来。虽然他有些"言行不一"，因为早先他曾说，宁可被炸死也不会缺课，而此时看来，却有些不负前言了。可必须承认的是，刘文典就是这样一个能让学生容忍他毛病的教授。

通常，学生的真实评价，更能体现出一个老师的水平。刘文典在讲著名的《海赋》一课时，他的每个表情都被座下学生牢牢记下了："多从声音的性质和作用方面发挥，当时觉得确是看得深，谈得透。又一次，是泛论不同的韵的不同情调，说五微韵的情调是惆怅，举例，闭着眼睛吟诵'风压轻云贴水飞，乍晴池馆燕争泥。沈郎憔悴不胜衣。'念完，停一会，像是仍在回味"。

不知刘文典在回味时学生在做些什么，除被他带入情景外，学生们也记住了他陷入想象之中的样子：

"当他解说《海赋》时，不但形容大海的惊涛骇浪，汹涌如山，而且叫我们特别注意到讲义上的文字。留神一看，果然满篇文字多半都是水旁的字，叔雅师说姑不论文章好坏，光是看这一篇许多水旁的字，就可令人感到波涛澎湃、瀚海无涯，宛如置身海上一般。"

学生们的类似回忆还有很多，这也足见他们对刘文典授课形态印象之深。

诸如此类，刘文典全凭脑中记忆与心情所感，其无书之教，风靡一阵，一时无二。换做第二个人，即使能做到不用教案讲课，也不能把学生和自己带到那样的场景之中吧。徜徉书海，把读书做文章当作是一种享受，这样的境界，自古以来可登临的就是少数人，刘文典无疑是其中之一。

同为教授的同行们，也常常想一睹刘文典的风采。"那时无论文科理科，无论是学生和教授，都喜欢到各系去听自己喜欢的课。"这在学术氛围浓厚的清华、北大之中已不算稀奇。刘文典的课不只吸引学生们纷至沓来，如痴如醉，教授们也常常三五好友一起聚集在他的课堂，听一听他的高论与妙言。

清华大学教授张世英曾回忆："我到现在还记得我一年级时听刘文典讲《红楼梦》，到了教室，已经挤得人山人海，地上都坐满了。刘文典是一个不拘小节、文人派头十足的学者，只见他抽一口烟，似乎要说话了，但又不说话，大家只好焦急地等待着。他又抽了一口烟，才不紧不慢地开了腔：'你们各位在座的，都是贾宝玉、林黛玉呀！'当时化学系的一位老教授严仁荫，已经坐着等了半小时了，听到这样的话，很生气地说：'什么贾宝玉、林黛玉，都是大混蛋、小混蛋！'这正是骂刘文典的。可是等到刘文典讲课后，底下的人，再没有一个人走开。"

狂人刘文典，其所讲之课就是有这样的魅力，就连他的好朋友也愿意前来听他"狂言"。

刘文典与吴宓在课上的"双簧"已被传为美谈，这样类似的谈资在茶余饭后丰富着刘文典的学生与同僚们。那时的刘文典当真很轻松，可以自在地做学问、读古书，没有人质疑、刁难，大家都有一颗渴望知识的心。而即便是刚开始觉得刘文典的课"不符其名"，在真正听过课后，也就觉得原来是"不负其名"了。

> "开宗明义，讲清课题后，即不再翻阅书本，也没有讲稿或教案之类，即兴抒发，或作文字的训诂，或作意境的描绘。有时作哲理上的探讨，有时作情感上的抒发，引经据典，汪洋恣肆，忽如大江之决堤，忽如神龙见首不见尾。口渴了，端起小茶壶呷上两口，润润嗓子，讲累了，点燃一支烟，猛吸几口，靠在椅背上闭目养神。兴浓时，会击节而歌，无所顾忌。兴之所至，说文论诗，出口成章，左右逢源，挥洒自如，又是几乎到了忘我的境界。"

这是一位听过刘文典课后的学者描绘他讲课时的情景，这是所有描述中最挥洒自如的，刘文典的形象也跃然纸上，从中亦可见刘文典当时的惬意、自在。相信这位学者也是在一堂或多课后，对刘文典有了更深刻的认识，才写出了如此准确的文章。的确，当时很多人都是经过了"课前课后"，才对刘文典的评价出现了反转的。

刘文典不愧自己的才子之名。烟雾迷蒙中，或许一段无论何时何地讲起来都堪称精华的讲论就在不经意间出现了。狂儒兴起，或坐地起舞，或随性而吟。癫狂背后细品，无时不是大家风范。刘文典就是刘文典，他虽然在很多方面有着不被人理解的执拙，但旁人更多地是对他的盛赞。他的笔墨，他的言谈，他的思想，都是他的财富，且是无可估量的财富。

刘文典其性狂态，举止独特，一直在学生之间被津津乐道，其妙言绝论也常常传颂于校园之中。他一生无论身至何地，都是那一处中赫赫有名的招牌。其才学，更是能直接影响一校教学水平的。

一次课堂上，刘文典讲《文赋》中某一字施用得恰到好处时，又出惊人之语，"《文赋》有多种讲法，讲一年亦可，讲一月亦可。例如此句此字，真乃一字千金！要不是它真好，古人与我非亲非故，我又何必这么捧他？"试问谁人这样评价过古籍？

刘文典教学自有其区别于常人的一套。他拒绝死板，而是用开阔的眼界观察着，常能看到别人望不见的地方。"非亲非故，又何必捧他？"，用在学生对刘文典的角度亦为合适。刘文典与他们非亲非故，若不是真好，他们又何必这么捧他呢？

刘文典，教无案之书，自有其理。

4. 狷介—狂生

有趣之人，常常让人对其有兴趣。有名气而又有趣之人，是会让人对其兴趣倍增的。历来有逸史存留的人，都必是一段时间内的传奇。而传奇之人必定会留下传奇之故事，一张张、一页页，总让人感到妙趣横生。这些传奇人物所存诸事，经久不衰，甚至让人免不得经常回味。

刘文典的平生逸史，就像是古代狂生谢灵运一样，每每让人常读如新。一代大师的时代，拨开迷惘，犹让人身临其境，哑然失笑。

曾经的北大文科教员的预备室，被称为"卯字号"。寅虎卯兔，这科室里还确实存在着很多"卯兔"，这里一共有两只老兔子和三只小兔子：当时的文科学长陈独秀、教授朱希祖，同生于1879年卯年，时已38岁，就被称作"老兔子"；胡适、刘半农都在1891年卯年生，将将满26岁，则视为"小兔子"。值得一说的是，刘文典虽生于1889年，可也一样被视为"卯兔"，也就成了"小兔子"之一了。一众因学识绝伦而让普通学生下意识地生出距离感的教授们，看来也是充满着童趣的。

刘文典生性滑稽，同时也十分仗义。其实他的友人并不多，能接受到他"帮助"的人也同样不多。但在这群有限的人里，不乏与其十分亲密者。对于他们，刘文典往往直抒胸臆，开门见山地索取或给予帮助。

比如1918年时，陈独秀曾作《有鬼论质疑》一文，当时有位名为易乙玄的学士写了一篇刁难他的文章——《答陈独秀先生"有鬼论质疑"》，此文被刘文典看见，他马上施以援手，作《难易乙玄君》进行反难，此足见其脑子里的"侠义"精神。

刘文典在昆明时，正值最困难的抗日时期，国破山河，这也难为了当时的教职人员。教授们的薪资不涨反降，而货币本身的价值也是一贬再贬。与其他教授一样，刘文典的日子也是异常艰苦的，有些时日，甚至无米下锅。

当时李鸿章之孙李广平也在昆明，他与刘文典交情甚笃，志趣很是相投。在刘文典困难的时期，李广平没少接济他。一次，刘文典家里实在是"难以为炊"，他竟也不慌不忙，不急不躁，而是拿起了墨笔，挥毫书下四个大字："刷锅以待"。随后此信被送到了李广平的手上，李广平看后哈哈大笑，立即"雪中送炭"，急人之所困，帮他解围。刘文典的这顿饭也吃得很是满足。

刘文典脸上虽没有过多表现，甚至当作玩笑与人共赏，但他把这份恩义深深地记在了心里。

解放初期，李广平莫名被逮捕。后虽排除了怀疑，证明了李广平的清白，但狱中有明确规定，要求除非有人担保，否则一概不得释放。刘文典了解此事，立时借了云南大学校长的小汽车开到监狱。他对监狱的负责人说："李广平是我看着长大的，没有任何问题，若保释后出任何问题由我刘文典负责。"之后便顺利办了手续，可他这还不放心，亲自将李广平接到云南大学，带到自己的身边照看着。这样的周到照顾，却不是因为李广平的一袋米，而是雪中送炭的交情。

是时，日本因打不进中国的内领土，只能发挥其制空优势，常常对内部城市发起猛烈空袭。身在昆明的刘文典等教授和老百姓们一样，也常常要"跑警报"。然而，刘文典并没有因此而沮丧，反而十分乐观。这也才有了他那写给胡适的信中所言：敌机空袭颇有益于昆明人之健康。

吴宓在日记中也有记载："一九四零年十月二十八日，晨，上课不久，七点十五警报至。偕恪随众出，仍北行，至第二山后避之。十二点三十敌机九架至，炸圆通山未中，在东门扫射。时宓方入寐，恪坐宓旁。是日读《维摩诘经》，完……二点同恪在第二山前食涂酱米饼二枚。遇缘。继在第一山前土洞中，与刘文典夫妇谈。请典改润宓作寿遐诗。"

在外界狂轰猛炸、人命弹指一挥间就会消逝的时刻，避于山内的教授们竟还有心情温书习诗，句句推敲，堪比嵇康，真正不愧于大师风范。这样的看似可望而不可即的态度，竟就发生在看着普通的不能再普通的老人家身上，着实让人感叹。

对于学生，刘文典更尽显洒脱本色，"肆意"对待，一如其对陶光的"臭骂"。据陶光回忆："我想他是鸦片没吃足，发神经病了，我一向尊重老师，但学生也不是奴隶，随便辱骂，我已忍无可忍，要以暴易暴……"却不想，陶光的愤怒，被刘文典的一句"我就靠你成名成家，作为吹牛的本钱，你不理解我的苦心，你忍心叫我绝望吗？"尽数化解。

其时，陶光看到老师这样说，无法不转怒为笑。他看着眼前这个憔悴的老头，自己的授业恩师，连忙扶老师坐下，并向他说明原因，倒茶赔罪，本是刘文典出口不逊，结果倒成了自己的不是。刘文典看见陶光心中还是如此敬重自己，已经连忙赔不是了，他也笑了。经过这一小插曲，刘文典这一天过得很开心，还特意留自己的爱徒吃了晚饭。一个真正的老师，想的无非就是学生。学生在他的心里，一直占着很重的位置。

陶光在西南联大任教时，曾看上了一位才貌双全的滇戏女艺人，想请老师为其做媒，便常拉着刘文典去看滇戏。学生转眼已到中年，尚无家室，作为老师的刘文典听说他有心上人，自然想成人之美。一来二去，陶光顺利抱得美人归。在这一段佳话里，刘文典从此也对滇戏产生了浓厚的兴趣。

而后提到跟戏曲有关的事时，刘文典便认为真正能保持中国之正统的，唯有滇戏。那段时间，刘文典几乎天天去看滇戏，哪怕学生没有陪伴自己也是场场不落。当时他身边的人回忆："光华剧场的头排两个座位被他常年包下，届时风雨无阻，偕夫人每晚必到。尤对著名老生栗成之的演唱艺术极为倾倒，曾誉为'云南叫天'，并赠以诗'檀板讴歌意蓄然，伊凉难唱艳阳天。飘零白发同悲慨，省食憔悴李龟年。'"

听完戏，刘文典夫妇二人往往回味在戏中，缓缓地走回家来。

一天傍晚，刘文典再次携夫人沿翠湖漫步去听戏，忽然有辆小吉普车在他旁边停下。二人正纳闷间，从车上走下来一位省级干部，他认识刘文典，便问刘先生要到何处，可以用车送。刘文典却连忙婉言谢绝道："安步当车"。说完与夫人信步离去。

面对百姓口中的领导，刘文典也是这般随意处之，不加多想。他从没想过"他是领导，不是我的学生，我应该怎么怎么说"之类，他脑子里并无此概念，即便有，同为人，又何须对他弯腰敬甚？

听滇戏，成了刘文典为数不多的几个爱好之一，这一次所幸并没有沉迷其中，而是加以控制，这于他而言是不容易的。毕竟，他性格里有执着的部分，也有不在乎的部分，对于所爱，他会疯狂着迷，而对不喜，他会无视甚至憎恶，对人对事，皆是如此。

5. 烟云醉倒翁

很多文人总有些不良嗜好，仿佛只有通过这样的方式，才能成就他们的职业生涯。在烟云浓淡中，他们时而隐没、时而突现的脸颊多了些哲学的意味。也许只有经过这些刺激物的麻痹，他们的思维才能得到启发。而世人，也因他们的成就原谅了他们的恶习。

刘文典在文人之众多兴趣中唯独选了"烟"，这也让他变得更加有趣，这样的坏习惯，丝毫不影响其学问之高深。他对庄子的解读和《红楼梦》的解析，能及之人是寥寥无几的。

《红楼梦》是中国四大名著之首，公认的中国古典小说的巅峰，世人对《红楼梦》的喜爱也是癫疯的。《红楼梦》所描绘的是在封建王朝即将灭亡的背景下，贾、王、史、薛四大家族中宫廷、商贾和众多小人物的命运。对于《红楼梦》的喜爱，不仅局限于百姓当中，文人学者也为这部巨著所倾倒。刘文典亦是其中之一。

一次，刘文典与学生谈到《红楼梦》中妙玉论饮茶这一段："一杯为品，二杯即是解渴的蠢物，三杯便是饮牛饮骡了。"刘文典调侃说："吾辈饮茶，解渴的蠢物耳。"

在课上，刘文典常常举出《红楼梦》的细微之处，可见他对这部书研究之深。他也常常拿出大观园里的情景自嘲现世的愚鲁蠢钝。甚至于，他的生活中也带了些"大观园"的意味。

云南大学的一位新到学子，被高年级的学生捉弄了。高年级的学生写了"尗疋"两个字让他读，他不知所措，根本未曾见过这两个字。这时，高年级的同学说出了来由：他刚来学校时，也有同学让他认这两个字，他错读成"卡疋"，但是没人笑话，因为他们都不知道怎么读。这位同学又说，这两个字是刘文典先生的字，读作"叔雅"，也因此，同学们背地里叫刘先生"卡疋"先生。

刘文典当时并不知道自己有了这样一个称呼，他是在后来的机缘巧合下才获悉的。了解后他也并没有说些什么，只是在一次课上偶然提起过。而能让他提及的琐事，或许是因这样的事在这位狂傲而又自持的文人面前也有些趣味吧。

学生中间，还流传着许多关于刘文典的奇闻逸事：有的说他批阅试卷十分随意，仅凭借自己对学生的印象给分数，根本不理会试卷写了些什么。这对平时认真听他课的、他得意的学生来说还好，但对那些认真准备考试，与他不是那么合的学生而言，就不是那么公平了，为此，当时的校园里也流传开了一股小小的怨气。但刘文典对这些牢骚视而不见，还是像从前一样，凭感觉和印象"为难"着他的学生。

有的学生说他博闻强记，回忆《富兰克林自传》的内容不用查资料……这倒是在刘文典的书信中有过体现。刘文典自幼读书颇多，理解力自然也不在话下，对他来说，别人十日的功课，他只需八日，别人三日的功课，他只需两日，相信这与他读书甚多是有很大关系的。很多学生一边苦恼着他的教学方法，一边又敬佩着他的博学广读。

刘文典在学校里表现得很特别，学生们对他的评价也便喜忧参半：喜欢他的人对他敬佩至极，不欣赏他的人看他犹如芒刺在背。难有人理解，堂堂大学教授，怎会如此？但也正因如此，让他在那个学术高手云集的环境下依然可鹤立鸡群。

刘文典的这些故事，总是在学生们还未听他的课前就流传开了，对于未听过他课的学生产生了致命的吸引力。而他的形象，也就这样一点点在学生眼中丰满立体起来。

刘文典是严谨而不乏味的，这使得不少学生专门喜欢观察他的一言一行。有同学曾回忆，"有一年，余适与同车，其人有版本癖，在车中常手夹一书阅览，其书必属好版本。而又一手持卷烟，烟屑随吸随长，车行摇动，手中烟屑能不坠。"

刘文典是一个十足的"烟徒"，还有着"二云居士"的雅号，其"烟屑不坠"的本事，毫无疑问，是在他常年的吸烟生涯中练就的。今人试着还原刘文典当时的举动，就会知道"烟屑不坠"是件多难的事情，也不知他吸食了多少烟才有如此"能耐"。

一天，在课上，刘文典的烟瘾又犯了，恰巧自己的烟抽完了，就向前排的男学生要。学生们犯了难，书生本来就清贫，哪有钱买好烟，而劣质的烟给老师也略显穷酸，便都不好意思拿出来。

学生们的思想活动，可是逃不过刘文典的火眼金睛的，他一再示意，一位姓张的学生看不过去，刚要把烟拿出来，这时教室门开了，原来是刘文典的家人怕他烟瘾发作，特意送烟来了。刘文典爱烟，于人前人后皆是如此，毫无刻意隐瞒，他的家人在这方面当真是相当宽容的。

而后，学生们渐渐与刘文典熟了，也时不时地到刘文典的口袋里摸出几根好烟抽。学生们如此无礼，刘文典倒也不生气，更未曾拒绝过，这让这位他人眼中的"怪教授"也多了一点人情味。

刘文典晚年的教学生涯，经常与烟扯上关系。他与著名白族诗人马曜都在云南大学任教，两人志趣相投，都好抽烟，于是茶前饭后，二人总是一起品烟，在校园里也总能看到他们烟雾缭绕的身影。

后来，马曜离开云南大学，可刘文典每每觅得好烟，也总是会邀请老"烟友"一起品尝。马曜也总是遵从着"来而不往非礼也"的君子准则，有了好烟亦会拿出分享。而他也不只是有好烟便与之分享，只要可博得老友欢心，是万难不辞的。

1951 年，程砚秋到昆明演出，一票难求，马曜晓得知刘文典是十足的戏迷，便想办法弄到票，亲自送到其住所。如此，二人以"烟"为机缘，结下了一生情谊。

在刘文典吸烟一事上，由于其威望学识，这被冠以"陋习"的事就得到了大家的"宽恕"。据悉，刘文典在云南大学任教后，"日夕卧烟榻上，除上课外绝不出户"。解放后的云南，有两个被周恩来总理亲批可以抽"云土"的人，一是原云南省主席龙云，一是云南大学的教授刘文典。

然而，这之于刘文典，既是荣幸，也是祸端。在日后的岁月里，刘文典也是受了烟草的牵连的。他曾因不论时间吸食烟草和鸦片的事在大会上被批斗，这段经历应该是他最为痛苦的，不知道那时的他有没有后悔曾经的逍遥快活。

刘文典死于肺癌，想必这与他吸烟有很大关系。在病症抢救无效后，他离开了人世，烟草这让他快活自在的东西最后却也毁了他。

浮生若梦，对于刘文典，梦亦有其精彩。一代狂儒未曾远去，包括其为人、其行事都在历史长河内回荡。他以其特有的待人处世方式对待着这个世界。非应付，亦非为应付而应付。他是在活自己，其潇洒态度让人生羡，闻之却也有如发生于自身般的亲切。这是一个故事，却也不仅仅是一个故事。

第十一章　逝者如斯夫

1. 浮生多逸事

　　刘文典是一个真正的学者型文人，在很多他涉及的领域，都是深刻、认真和严肃的，但如果遇到生活里的小插曲，他马上换了一个人一样，变得有血有肉了。

　　刘文典为了研究典籍，走访过很多地方，这其中就包括不少道观和庙宇，他在那里也留下了很多趣闻杂谈，从这些事情中，也是可以窥见他某些性格特点的。

　　刘文典曾经在白云观住过一段时间，只为了能静下心来，专注研究《道藏》这一典籍。所谓民以食为天，人是很难战胜食欲的，这乃是人性。在白云观的时日里，陪伴刘文典的只有清茶淡饭，无半点荤腥，对喜食肉的他来说，无异于是一种折磨。

　　这段时间的粗茶淡饭让他难以咽下，面前的苦斋，虽健康却不够美味，于是他便趁着道士们不留神时，偷吃了一些荤腥。身在斋戒之地，他当然是不敢多食的。但就是那么一点，还是被道士们发现了。修道中人，自不会痛发责难，可此事之于刘文典还是面红耳赤、心生羞意的。想必以后的刘文典，在这方面必定会有所顾忌。

此事过后，一日，观里有一位不速之客到来，他拿着旧报纸包着的诗集，径直闯进了刘文典的房内，说道："我的才太高了，所以很苦的。这是我的诗集，诗好得很……你细细读罢。"

刘文典丈二和尚摸不到头脑，听了这个人说的话也颇感滑稽。于是他便低下头，装作没有听见。来人见无人响应，则继续发言："我最好哲学，现在研究佛学和写字。我是以哲学为方法，政治活动为目的，政治也是我的唯理哲学的一层。"

许久，来者见自己说话还是无人回应，自己也感到有些尴尬，于是这位先生终于进了正题。原来，他是想讨点钱回家乡，他说："我是不择细流，所以能成其大，我的才学之所以能有如此的成就，也就是这个道理。"

刘文典听后忍住笑，略假思索，把自己的零钱都给了他。来人数了数，一定要将诗集留下，刘文典再三推辞，说了很多鼓励的话，他才把诗集收了回去。

此人与刘文典在此之前素未谋面，刘文典却也倾囊相赠，如此可见刘文典看待钱财反倒没有他心中的那些道义和学问重。他对陌生人是如此慷慨，着实让人对这个张狂之人有了新的认知。

到了临别之际，这位不速之客一再强调，"其实你也应该好好读读我的诗，不应该时时面对那些枯燥如一的书稿，校对工作也不是你这样做的。"而转身离开时，他又忽然开口，严肃地说："宗教哲学家不可不见见宗教家。"

这人的话虽有些莫名其妙，刘文典听到后却大有感触，赶紧拦住他，说修道者担当不起大学者的拜访，来人这才离开。不知道来人的话对刘文典的触动到底有多大，但从其言行上来判断，是可看出他必定是受了些触动的。

除了在白云观落脚外，刘文典也常为了查阅资料典籍去宗教圣地小住一段。高等学院教授，寻林访山，远离尘世俗物，与出家的修行人士一道同吃同住，想想也是颇有趣味的。

有一次，他去往香山某寺借阅佛经。据传闻，该寺寺规颇为严格，若不是佛教人士，一概无权借阅该寺藏书。即使是允许的借阅者，也必须端坐于寺内的念经堂读书。此外，翻书时必须用寺院特制的篾子翻阅，以手指沾口水翻书页者必受罚。如此严格，是为了保证寺内的藏书不被俗客污玷。

该寺管理藏书的老和尚与刘文典曾有过数面之缘，便特准他借阅寺中的典籍，还跟他一一说明了借阅的规则，刘文典一口应承，并无二话。

老僧说罢飘然而去，偌大的念经堂只剩刘文典一人。过了几个时辰，寺内的寂静与檀香之味让他觉得有些晕倦，睡意浓浓，环顾一周，只见室内有一空榻。刘文典灵机一动，持书卧读。片刻，他昏沉入睡。

也不知过了多久，酣然入梦的他仿佛听到了咒骂之声，同时感到头面刺痛。他恍然睁眼，迷糊中看见老和尚手执扫帚，捽打并斥责着自己："你言而无信，竟把佛经丢在地上！"

原来，老僧忙完了寺中的事情，是想与刘文典大谈佛学之理的，不料进门一看，刘文典手中的经书早已掉在地上，榻上的他却在顾自神游。这才发火，以扫帚伺之。

刘文典嘴里念念有词，皆是表示歉意之语。老僧手中扫帚亦是不住地打在他身上，他自知理亏，也不能发作，只能围着屋内转圈，躲避老僧的击打。堂堂北大教授被打得抱头而窜，想必在当时应是感到颜面全无的，可他本人却并不这样想。

事后，刘文典回忆起当时的情景来，却很是得意："他是用扫帚苗子打的，若倒过来用扫帚疙瘩打，我可惨了。和尚见我甘心承受挨打，并没有教授架子，怒容一变，扑哧一声笑了。以后我们成了好朋友，我曾在清华设素斋招待他。我的脑袋虽然不太高贵，但也不是任何人可以打的。但这次挨打应该，君子不可失诺于人！"

无论是暂住白云观，还是探访香山寺庙，这两次经历，都是刘文典在研究古籍之时于道观佛门中发生的趣事，也许他在这些清净之地不够守规矩，但细细想来，他哪有守规矩的时日呢？

与其他学者不同的一点是，每当刘文典想要静心研究古籍之时，就会去山上小住，大概，只有那些烟云缭绕、仙气浓重之地，才能真正让他忘了俗尘，专心看透这世间悲凉吧。在这些朴素的日子里，刘文典对古籍研究的造诣也是突飞猛进。

名气甚大的刘文典，有别于其他成名的学者，他常常要闭关自己，钻到书里，静想一隅，而非成为学术明星，在舞台上光芒四射，似乎那样的地方总是与他格格不入。在其他人忙着串场高声阔论之时，他还是安享山林。

晚年的刘文典十分大气，并没有藏匿年轻时的莽撞行为，甚至总拿出这些山林的经历闲谈，他曾多次与友人谈起当时当景，丝毫没有觉得羞愧。作为一代国学大师，想来只是把游历人生这本身，当成了一种笑谈吧。

2. 不畏露真颜

架子可以毁掉一个人，哪怕他的能力再强。平和才是一种强大的能力，能润物细无声，在潜移默化中改变一切。在我们如数家珍的名人中，也很难找出几个睚眦必报之人，他们大多都是平心静气的。

不过，刘文典的一生，似乎很难用"平心静气"来形容，但这也是分时间、分对象的。对待自己所不齿之人，他是激烈的，横眉冷对的；对自己敬佩之人，则一概没有架子。在外人眼中，刘文典是知名的大教授，而对自己的孩子，他则不是严肃的，反倒极为"公平"。

一次，在成都读书的次子给他写信"讨要"生活费。在此之前，刘文典曾在某个书店看到了一幅漫画——名为"擦皮鞋者"。漫画上，表现的是一个衣衫不整、贫困潦倒的老头，在寒冬时节蹲在地上为名叫"Kolya"的儿子擦皮鞋。这幅漫画很触动刘文典。思考之后，他在给儿子的回信中说了此事，并借用了"Kolya"这一称呼，落款则为"擦皮鞋者"。

更有趣的是，在回信中，刘文典只字未提给儿子寄钱的事，反而一再说自己经济紧张，倒让儿子汇点钱给他，实在让人难以想象。

刘文典所营造的父子关系是极为平等的，平等到似乎没了他对儿子的"帮衬"，就如朋友一样，"不借其钱而反借"。刘文典的这种表现，是与儿子拉近关系的一种独特的方式。其长子去世后，他把更多爱倾注在了小儿子身上，虽不能事事呵护备至，但心里对儿子是十分牵挂、惦念的。

次子尚年幼时，刘文典一边照看他一边上课，常把儿子带到教室，讲课时，小儿子就坐在旁边看着那些大哥哥、大姐姐。小孩子毕竟还不懂事，难免觉得无聊，自顾自地哭闹起来。

一次，次子又坐不住了，就跑到教室外面，说不清是与蝴蝶翩翩起舞还是捉蝴蝶，总之离开了父亲的视线，刘文典见了，忙叫"快回来，快回来"。坐在堂下的学生们懵了，一时间怔怔的，他们脑子里只有那三个字。这件事，后来也成了一件趣事被时常提及。

刘文典为人，在学识上是一丝不苟、锱铢必较的，但在生活上，却是当之无愧的"弱者"。不知这是否是那些不俗之人的共同点，大凡在自己的领域里有些建树之人，在生活中总是应付不来，甚至措手不及的。

西南联大期间，刘文典独自在那里授课，生活经验不足的他遇到了不小的麻烦。由于自己实在没有能力管理日常生活，他就请了一位男佣照料自己。直到妻子来到云南，他才又感受到家里的温暖。一日，刘夫人随意烧了几个小菜，刘文典竟大呼，"没想到云南竟有这么好吃的菜！"其实这就是云南普通的菜，只是他自己不会烧，同时也被男佣"瞒"了一年多。

刚到云南蒙自之时，一天饭后，刘文典背着手，来到湖堤边散步。他踱来踱去，就来到一个村子里，此时看见一个农夫正在打老婆。若一般人看见可能只会气愤，本着多一事不如少一事的原则侧目而视，但刘文典的牛脾气上来了，打女人岂是君子所为？妇人的号啕大哭让他顿时义愤填膺，想都没想就上前劝阻。对方一句"我打我婆娘，与你何干！"彻底激怒了刘文典，他想也没想，抬手就给了那个男人一记耳光。

这个男子被打愣了，自己教训老婆，怎么有旁人来管？他看了看刘文典，觉得他谈吐不凡，以为是大官，竟有些害怕了，转而拔腿就跑。此时的刘文典长舒一口气，可旁边那个看似窝囊的妇人却生了气，跑过来揪住刘文典，口中喋喋不休地质问："为什么要打我男人？"当时，若没有村里人的解围，刘文典还不知该如何收场。事后谈起，他尴尬地自嘲道："没想到拍马屁拍到了马腿上。"

除却刘文典个性上的"善谈笑"，他着急发怒时的情形也让人忍俊不禁。

据周作人回忆，刘文典最不喜中医，这倒是与鲁迅有几分相似，他也常常用诙谐的语言予以评论："你们攻击中国的庸医，实是大错而特错的。在现今的中国，中医是万不可无的。你看有多多少少的遗老遗少和别种的非人生在中国，此辈一日不死，是中国一日之祸害。但是谋杀是违反人道的，而且也谋不胜谋。幸喜他们都是相信国粹的，所以他们的一线死机，全在这般大夫们手里。你们怎好去攻击他们呢？"

当时在中国，如此辛辣地嘲讽中医，也就鲁迅和刘文典二人了，不知刘文典为何如此贬低中医，客观来看，是有失公允的。

刘文典的一张快嘴常常评论四方，也不怕人来找，有时连那时的国会议员都不放过："想起这些人来，也着实觉得可怜，不想来怎么的骂他们。这总之还是怪我们自己，假如我们有力量收买了他们，却还要那么胡闹，那么这实在应该重办了，捉了来打屁股。可是我们现在既然没有钱给他们，那么这也就只好由得他们之间去卖身去罢了。"

刘文典对于当时政治的评论很是露骨，他不管不顾，常常因此惹来麻烦。早年的牢狱之灾并没有让他更"懂规矩"，而是更不知所言，知无不言，言无不尽。其实，当时的政治局势并不明朗，很多人开始了自保，不再任意攻击他人，谁都知道，今天一句玩笑话，可能就会在日后给自己惹上麻烦，但刘文典却全然不顾这些。

每当刘文典评论兴起之时，他句句入骨，说得大快人心，很有古来狂士放浪形骸之态。他讲到入兴后，三纲五常都不在他眼中了，更会与学生们随时交流，争辩不休，每每忘了师尊一回事。

有一次上课，提起了社会"两极分化"之说，刘文典突然一改其本来不喜大声讲话的习惯，从座位上直直地站起来，瞪大了他平时毫无神采可言的小眼睛，说："比如说有人坐车，有人拉车"。学生们不解其意，刘教授为何忽然如此激动。虽然刘文典平时就古怪张狂，但情绪这般波动还是没有过的。下课以后，有些学生看见他走出校门，登上了一辆黄包车，扬长而去，学生们这才明白，原来他正是那"坐车"的人，当真是"高"谈阔论啊。

原来，这是刘文典经常经历的事，平时就看不惯，这次说及此事，更要大做文章了，这才有了他如此的慷慨激昂，一改往日形象之事。

后来，学生跟他说起了这件事，他还振振有词地辩白，这不是他能做出来的，肯定是学生记错了，怎么都不承认自己在课上说起过拉车的问题。直到又有人提起，他才意识到自己不知不觉地做了一回"抱怨"之人，竟是当着众多学生。他找到了那名学生，道明那话确实出自他口，要其别放在心上。大抵，他是不希望为人师表者，树立了"鄙视贫穷"的思想标杆儿吧？

刘文典一生中的趣事难以计数，很多时候他像个演艺人，但这也并未有损他的名望。反倒正是因这些时而令人捧腹，时而引人深思的小事，让他活出了自己真正的颜色——不按照现有的框条做事。真正的学者应如此，而刘文典除了让人起敬，也很让人想接近他、描摹他。

3. 夜伴风雨来

刘文典辗转进入云南大学，自认为是重生，实际上已与残酷的现实慢慢牵手了。

刘文典历来拥戴共产党，在国民党节节败退之际，心系国家命运的他异常欣喜，他认为这是中国革命的胜利，是民主与自由的胜利。在他看来，真正的幸福社会要到来了，百姓不用再流离失所，可以享受日出而作、日落而息的衣食无忧的生活了。

在云南解放之后，刘文典居然把吸食已久的鸦片彻底戒掉了，他如孩子般兴高采烈地向人们宣告：

　　"处于反动统治的旧社会，走投无路，逼我抽上了鸦片，解放后，在共产党领导下，社会主义国家蒸蒸日上，心情舒畅，活不够的好日子，谁愿吸毒自杀呢！""今日之我，已非昨日之我，我'再生'了！"

相信这些在当时都出自刘文典的肺腑，他吸食鸦片，也真真是当时战乱的苦闷所致，并非情愿染上的恶习。是时，能看到祖国安然地渡过一劫，心中自然万分高兴。能看到自己坚持的一方取得了最终胜利，任谁都会欣慰。那会儿的他，回忆起自己吸食鸦片的经历，还是常感到难为情的。

在与友人聊天中，刘文典常常透露出悔意，他一心期盼着未来的生活。

然而，事实又一次让刘文典伤了心。或许，此时的他无论肉体还是思想上，都已经趋于麻痹。倘若真是这样，他还能舒服一点，毕竟他不是钢铁之躯，胸腔中还有一颗跳动的心，还有热血在流动。

事实上，在李广田担任云南大学校长的那段时间里，刘文典的人生轨迹已经少了很多波澜，渐渐由狂躁趋于平静。李广田逢人必称刘文典为"老师""刘老"，只要是他举行的会议，一定让刘文典坐在前排，也经常请他先发言。

云南大学学校评职称，刘文典被评为一级教授，并任全国政协委员。友人们都祝贺他"喜事重重，旧貌换新颜"，那段时间也的确可常常看得到他的笑颜。这可能是他最得意的一段时光，有学生尊敬自己，在学术上也取得了一定的成就，人生能如此平顺应该是件幸事了。

他说："我热爱共产党，热爱社会主义，是早有思想基础的，我早年参加同盟会，跟随过孙中山，坚决拥护孙中山的联俄、联共，扶助工农政策，那时已扎下了拥护共产主义的根，今天实现了我的夙愿。"

刘文典人生中这一最乐观的时期，却急匆匆地在他每一句话间呼啸而过。他为自己早些年的选择感到高兴，他一生所坚持的也得到了印证。他看着太阳、月亮等稀松平常的事物时，仿佛都有了光彩。他一改往常急躁骄狂的形象，虽说比不上其他教授那般温文尔雅，但也是平和、易亲近的。

然而，在他还未被现实彻底温暖过来时，浩劫就这样降临了，让他来不及打冷战，就只能默默承受。

1952 年，对"资产阶级知识分子"的改造，在经济建设及民生服务之前被摆上了台面，这对当时的那一代文人无疑是个重大灾难。那一代人因为战乱，因为西方文化的引进，大都留过洋，思想更为活跃，成为了积极的一代，但刚刚建立的新制度并不太宽容，兼容并包的能力也是有限的。在面对不那么严肃的问题上，他们的"仁慈之心"尚弱。

为了彻底清除反动思想，各大高等院校都积极开展了声势浩大的思想改造运动。至此，一幕残酷的"黑暗剧"渐渐拉开了序幕。

刘文典戒除烟瘾后，在诗序中说，"自己有一个姬人很可爱，明媚窈窕，温存体贴，可惜短命死矣，晚上他为此感伤得夜不能眠，于是写诗怀念她。"此事本不大，若是发生在今天，或许还能有个文人墨客的美名，可在运动中，却不能被大事化小，小事化了了，有人举报称，"怀疑刘文典写此诗是在留念曾经伴随他很久的那杆烟枪"。

这只是个开始，诗在这场运动中成为了面向刘文典的最初武器——用文人自己的笔墨打击文人，是所谓的"以彼之道，还施彼身"？

刘文典百口莫辩。

云南大学中文系教师学习组对此次事件定了性：刘文典在传播封建权威思想。他们还特意为他制订了帮助计划，意在"不愿看见老教授再次沉迷，玩物丧志。要坚定执行党的决定，帮助他们彻底清除封建权威思想。"

他们对刘文典所谓的"封建权威思想"进行了深层次的"帮助"，除了刘文典，当时很多知名文人、教授都经历了这一切。所谓的"帮助"，也只是说来好听而已，那些时日简直如地狱一般，这些文人及曾经的革命者受了很多苦。在那时，帮助的真实意义，就是批评和抨击，这是会流血、会要人命的。

这种情况，让刘文典刚刚欢愉不久的心燃起怒火，他狂躁的心又回归了。他回顾自己的一生，无论哪时未曾畏惧过，而他们对自己施以如此"罪责",要如何忍受呢?这让他再次变成了战士。

人人落井下石,人人"过分"地各司其职,似乎成了一种潮流,很多人专门搞起了这种整人不利己的活动。刘文典愤愤不平,心中有股火燃烧了起来,就像他少年时抗击外敌一般,可这也间接地害了一生清高孤傲的他。

刘文典的这股气一直存留在心间,只是理智暂时战胜感性,还没有爆发,直到1954年1月24日,这一天,隐忍的刘文典终于爆发了。他还像从前一样,毫不顾忌地发泄着心中的愤怒:"不要把我当中文系的人了,中文系的课我不高兴开了,我在二十五号辅导学生是为了历史系,中文系的学生要来我当然不能拒绝,是云南大学的嘛!云南大学人来我都不拒绝。"

短短的几句话,看起来也并不是什么反动言论,但在当时草木皆兵的局势下,任何一句未经深思的话都可能成为导火索,更何况是如此愤愤而发的?此后刘文典的处境与之前截然不同,一代文人,开始惨淡地过着自己本该欣喜的生活,人世于他而言,实在太不公平了。

4. 欲辩已无言

思想改造运动愈演愈烈,在结束后仍然发挥着它的影响。这段时期,视为一代文人的末日,他们感受到了前所未有的危机,人人自危,不知自己何时的哪句话就会被人提出,成为"呈堂证供"。在人们以为事件已经过去的时候,也许才刚刚开始。

其时,为了响应中央的指示,云南大学又先后开展了两次政治运动。这两场运动的激烈之状,以前所未见之势袭来。毫不夸张地说，这是两场"血"的运动。

这一切的发生，着实让人恐惧。

首先是1957年云南大学展开的"反右"斗争。学生们都不理解，这种无意义却严酷的政治运动，为什么会在校园里也有涉及？

曾任云南大学党委常委、副教务长、历史系主任的张德光之子张有京，在其《国学大师刘文典》一文中说："1957年'反右'斗争时，校党委整风反右领导组曾在校内民主党派老师中，收集整理过刘文典的右派材料，我也曾写过揭发刘文典的材料交校党委。因我未参加党委审定右派的会议，校党委为何划他为右派我不知道。"

欲加之罪，何患无辞。只有当局者才知道事情的真相到底是什么。一生中有将近半生在为中国改变现状而努力的刘文典，一个后半生都在为中国学术奉献自己的刘文典，为何就被贴上了"右派"的标签？无论怎么想，都是完全不合道理的。但这就是真实发生的事情，无论对与错，当时的刘文典是注定逃不掉的了。

那时，有一批人遇到困难便选择藏起自己的身躯，当一切和平后，他们再出来，祸害刚刚平稳的土地。

在反右斗争中，有一些被定为"右派分子"的老师，他们不是士兵，没有受过皮肉之苦，因此自是经受不住严刑逼供的，在无数的折磨之后，他们为了争取"宽大处理"，老实"交代"出了一些并不存在的事。如此，其中的一部分人便在批斗会上做交代时，"揭发"了刘文典莫须有的"右派言行"。

1957年7月23日，时任云南大学大教务长的王士魁，被定为校内"大右派"。在无任何真实依据下，便被残酷地"批斗"

了。他在批判会上交代其"罪行"时，也交代出了刘文典的"罪行"：

"刘文典说在云南大学不骂刘文典不是进步，学校离心力大，外出学习的人都不愿回来。学校再过几年不堪设想，读几年书再说。"正是因为事件策划者的努力，反右斗争的后期，刘文典被校党委内定为了"中右"。

这一切都毫无依据，毫无根本，毫无意义，甚至是极为愚蠢的。奸恶之人的愚蠢，将刘文典打入了万劫不复的境地。多希望经历这一切困苦，陷入万劫不复的是这些不分清白的人，但即使是他们，也偿还不了所欠下的债。

早已年过半百的老人，在经历身体与心灵的双重考验下，健康状况已令人堪忧，更是心力交瘁。

1958 年，从战乱中狼狈走出来的中国高等院校，开展了向党交心和大破资产阶级法权运动。在这次来势凶猛的运动中，为了鼓励人们，云南大学校党委决定采取"大跃进精神"加以刺激，让犯错之人老实交代自己及他人的过错，霎时，全校开展了写大字报和个人交心竞赛。

再无学术研讨，再无书香气味。这里，已经让人看不出当年学生满堂的情景了，一切的一切都被搞得支离破碎。可怜的时代，尊师重道被认为是"右派"的做法、想法，学生给教师提各种意见竟被大力倡导，目无尊长，实不忍观。那些被认为有"历史"问题的老教师，无不战战兢兢，浑浑噩噩度日。育人的工程师，一一被推向深渊，遗憾的是，即便如此，世人还无半点警醒。

1958 年 3 月 16 日晚，在又一次工作汇报会议上，当时的云南大学校党委书记李书成说："两天来（运动）发展很快，上午

（全校写大字报）3200多张、（意见）800多条，下午中文系一万多条……意见多，质量高是先进。如中三（中文系三年级）每人200条，向全校挑战。"

小丑当道，无法祈盼好日子的到来。3月18日，他们又鼓励了这样的做法——"系学生提意见已突破二万条，教师都被烧着一下"。

燃烧掉的，是那些可敬可爱的教师们教书育人的崇高目标，是几十年的心血培育，是对未来的渴望，对国家的希冀以及对自己职业的美好愿望。他们没有被战火所伤，没有被敌人所吓倒，而是越战越勇，但面对这些自己教出来的学生，他们却败得彻彻底底，无话可说。

5月3日晚，张德光在整风运动的个人工作总结中写道："写到106条已3点多，外出一看家家都已熄灯。"6月1日下午，在历史系教师交心会上，"陈年榜谈交心思想斗争，交到70条时抵触起来，认为党是法官，自己是罪人，向法官写供状，想不通把笔都摔了"。很难想象，这就是当时的云南大学那片悠悠沃土上发生的事情。

病态的决策，已把人逼得陷入病态。但是很多人想："甚至是打仗的日子都比这舒服，难道日本人真的无力再战吗？"在沉重的思想压力下，保命已成为人们的当务之急。精神和肉体的双重折磨，比一切酷刑都更加残酷。真的像武侠中所描述的一样杀人于无形，只是这武器变成了言行。

那时，有些党员系主任，居然麻木地给自己戴上了"资产阶级知识分子"的帽子。这时的他们已如行尸走肉，能做出什么疯事也就都不足为奇了。他们"深刻"地反省着，虔诚地忏悔着自己的罪行，心甘情愿地做着自我检查，并且态度良好地接受着群众的批评教育。

时为校党委常委、校长的李广田，看到秩序沦丧，特别是国家知名的老教授们蒙受不白之冤，心里对党委的做法十分反感。他对刘文典敬重已久，但现在看到他被定为全校的头号大敌，李广田每每想起，都极为愤慨，可却也无能为力。

一天，忍无可忍的他恼怒地问张德光："德光你们怎么这么随风倒呀？中央都宣布过知识分子大多数已是工人阶级的一部分，你们几个共产党员怎么又承认自己是资产阶级知识分子？"张德光听完，哑口无言。

正义的力量，在沦丧的时代是微弱的。作为云南大学最高级别的教授，刘文典受到的政治压力无疑较别人更重。丧心病狂的校党委把刘文典看成最后的"顽固堡垒"，多次为其展开"批判会"。交心运动，上升到了血与肉的阶段。

一生狂傲不羁、倡导独立文人风格并身体力行的刘文典，敢于和一代枭雄蒋介石面对面抗衡的刘文典，终究是禁不住身体与心理的双重折磨的。身体上的野蛮也许能让他咬牙接受，但心灵上的捆绑，却十足要了他的命。

5. 衰衰一老翁

奥斯特洛夫斯基在《钢铁是怎样炼成的》中写道："人最宝贵的东西是生命，生命属于人只有一次，一个人的生命是应该这样度过的：当他回首往事的时候，他不会因虚度年华而悔恨，也不会因碌碌无为而羞耻，这样在临死的时候，他才能够说：'我的生命和全部的经历，都献给世界上最壮丽的事业——为人类的解放而斗争。'"

　　能够做到这一点的人不多，但刘文典一定是其中的一个。

　　在快意恩仇、挥斥方遒的热血年纪，刘文典是否会想得到结局的残酷？想拼命地记起些什么，却总是感觉雾一般的迷幻。眼前的一幕幕，如电影般匆匆而过，那不正是曾经的自己吗？曾经的热血，曾经的英气，曾经的追求，曾经的人，曾经的希冀，一切真的如春天般欣欣向荣。天啊，人的一生难道终究要归结于幻想中吗？

　　刘文典渐渐失去了支配自己思想的能力。解放以后，刘文典原以为中国大地就要在共产党的领导下欣欣向荣了，可后来发生的一切，证明了他原来是那么天真，他忘了有正义就会有邪恶，有好的一面就会有坏的一面。

　　在那个动荡时期结束后，他参加了全国的政治会议，受到了举国称颂的毛泽东的会见。一个文人，在学术上有所成就，在政治上受到尊重，这足以让任何人都能笑对人生了。刘文典在这时亦是真正感到了轻松，他心情舒畅，身体也血脉畅通。《杜甫年谱》，《王子安集校注》，这些书还放在他的书桌上，那些日子显得如此绚烂悠闲。直到某一天，那些刚刚整理的稿子落上了灰尘。

　　原来一切都是幻想，倏地，刘文典发现，自己是在批判大会的现场。这是白天，太阳照常地升起来，可是为什么感觉不到丝毫的温暖和安全感？身处烈焰下却如同身临寒冬。温暖真的算是久违了。

　　交心运动的袭来，让刘文典的心理防线受到了更强烈的冲击。在此期间，人们对他人格的侮辱，让他想要像平时一样爆发出自己视天地于无物的气概也不再现实。他真的是累了。这时的他发现，自己已经无力抬起曾经无比高傲的头颅。是自己老了？

还是"新社会"的威力使然?

旧社会的暴乱、炮火、子弹都没能把刘文典击倒,"新社会"只用了口舌就让这个钢铁之躯站立不起了,他们用人心丧乱的批判迫使刘文典屈服。

在这场浩劫的初期,刘文典还在期待由乱世转为盛世的平静。可惜,他期望的这一切在他的有生之年始终没有到来。斗争在他看得见的地方愈演愈烈,所有人似乎都发了疯,比这个有名的狂人更癫狂万倍!

1958年3月29日,云南大学校党委针对刘文典开了一次会,会上说,"书成同志(党委书记)强调中文系堡垒刘文典,历史系方国瑜必须突破。刘文典在中文系组负隅顽抗,大言不惭地说:'我是权威,这是你们捧出来的,在我面前上一炷香嘛!我不死谁敢教杜诗,就算能教也拿不了我这样多的薪水。'"

4月10日,在系主任会议研究学校教改如何转入争论阶段时,"中文系反映刘文典无视大字报,他说:'古今中外了解庄子最深的是庄子自己,之外,就算我刘文典了'。"此时此景,这样的话简直是犯了法一样,人人各个不平不忿,议论纷纷,一条条状告着刘文典的罪状。

刘文典的不屈服,让校党委的"腌臜们"更加嚣张。他们悉心地准备着,目的就是一举攻下刘文典这一"顽固堡垒"。按校党委的要求,他们安排多次联合批判会,对刘文典所谓的"反动权威思想"展开猛烈批判。这段时间,刘文典日夜不得安宁,白天挨批斗,晚上还要写交代材料。开会对刘文典的批判,快要成为了云南大学中文系日常生活的一部分。

刘文典拖着已被折磨的不堪的身体,差不多每天都要到场。否则,这就不单单是思想问题,而是立场问题了。那时的他,自然是再也担不起更大的罪名了，他只得强撑着身体站起来，抵达会场，看着曾经的学生和同僚讲着自己并不熟悉的话。在经历了许久这般无头无脑的批评后，面对着大环境的黑暗，他已无力抵抗，但还是榨干了骨子里最后一点傲气。

在人生中第一次检查上，刘文典这样说："我是极端个人主义者。初烧时我认为自己是个大财主，仓库里东西很多，再烧就感到烧空了，空虚得很"；"我与张为骐（中文系教授，刘文典的学生）有共同语言，我也看佛经，我说信仰自由是宪法规定的，抬出宪法来就不对了"；"我悲观厌世，但我不自杀。我就一种自杀法，吹烟慢慢自杀。"

刘文典只能通过这样的方法表达出一丁点自己的思想，在检查的字里行间，透露出了对检查本质的鄙夷和漫不经心。这是刘文典面对现实做出的第一次，也是最后一次抗争了。

显然，这些说不清理想、道不清动机的人，是绝对不会就这样放过刘文典的。

4月20日，在云南大学的校内各民主党派的整风会上，刘文典再次被文史两系教师联合批判。在这些人中，多数都或轻或重地受到过各种运动的打击。此时的他们卑微如鼠，嘴却毒似蛇蝎，不但不感同身受，反倒落井下石，全然没有为人师者的一丝怜悯之心和正直之道。

批判刘文典的时候到了，在他们面前站着的是一个不能再憔悴的老头。他的脸上，曾经有神气，也有笑容，但此时有的只是衰老。从此，不会再有学生再见到那张在课堂上意气风发、在文章中神采飞扬的脸。

在不久前的一次批判后，归来后的刘文典已经迈不动步子了。他勉强走到半路，忽然喷出一口鲜血。他偷偷地到医院检查，检查结果是肺癌。从那以后，无论哪一次批判，他都表现出了前所未有的毕恭毕敬。然而即便如此，他们也终究没有放过这个老者，或许也从未想过要放过他。

这次批判，是最严重的一次。他们的用词前所未有的激烈、狠辣，扭曲了这位大师的一生。甚至让人怀疑，那一点点人性究竟去了哪儿？难道批判的威力就这么大，能把一切人性一丝不剩地刮尽？

"九三学社"成员方国瑜揭发刘文典说："刘老师的个人主义思想是丑恶的，解放前，姜亮夫当文学院院长的时候，请刘先生校补《慈恩法师传》，预支稿费五万元，相当教授一年工资。"说到某些地方，他还用手比画着。

"刘先生贪得务多，又向熊庆来（校长）敲诈稿费。熊找我四次，叫把西南文化研究室印书用纸四十令卖了给刘文典。我不同意，熊说：'刘文典逼账如逼命，你救救我的命吧。'不得已，我同意借一部分纸给学校救熊的命。刘先生收到钱后交稿了，我吃了一惊，原来是个骗局，刘先生只在书上加了几条眉批，就算著作了。简直是贪污，太恶劣了。思想改造时，刘先生还污蔑我贪污了四十令纸，真无耻。"

呜呼哀哉，刀枪伤人，却不若以唇舌伤人更为彻骨。人的唇齿，是何等的毁灭人性！

即便再坚强的战士，面对无中生有，面对如此谩骂，怕也是坚持不下去的吧，更何况当时的刘文典已是年迈老人，可这年龄在他们眼前无足轻重。是时，刘文典有些坚持不住了，对那一刻的他，也许解脱才是更好的。

6. 飘飘何所依

陈寅恪曾说："夫曹孟德，旷世之枭杰也，欲取汉皇统而代之，必先摧毁士大夫之精神堡垒。"文人之死都多了些命运的色彩，这些写出锦绣文章的文人墨客，或受誉于仕林，或声名远播于乡野间。一点才华，成燎原之火，萦绕于人间。这些让人惊喜的文人游走于政治与文学的两岸，时而向左，时而向右，或死于硝烟，或死于蜚语。"生以文章才华名世，死以悲剧殇于后人"。

刘文典的一生，也正印证了陈寅恪的那句话，在饱受折磨之后，他终于承受不住了。

1958 年 5 月 2 日，"上午党支部研究教改工作，本周与中文系配合进行了两次批评刘文典的会议。下午文史两系教师及中文系学生代表听刘文典自我检查。"刘文典又一次站在人们的瞩目下，却完全变了味道。

模糊之中，刘文典仿佛回到了那个他无比熟悉的讲台：台下的学生挤得满满的，一双双纯澈的眼睛望着他。他是多么想再回到那个时刻啊。刘文典短暂的梦被打破了。他看向台下，还是那一双双眼睛，死死地瞪着他，透露着让人恐惧的空洞与麻木，原本仅几米距离的台上台下，现在看来中间像是隔了道鸿沟一样，无法逾越。原本善良可爱的学生，现在的脸上也没有了生气。

这一次，刘文典不再固执地守护自己"读书人的羽毛"了。他不再执拗，而是罕见地低下了自己高傲的头。他第一次表达出了"认错"的态度，即便那是违心的，可对于现在的他来说，已不再重要。似乎他已不再属于这里，只是为了完成他在这个曾赋予他舒心与苦闷的世界上的最后一个任务，完成了，就可以休息了，真的好累，累的不能思考和感受。

台上的刘文典从沉默中发出了声音：

"一个多月来大家都助我，最初我很抵触，后来经过思想斗争，我认为大家都是为我好，昨天到观礼台（五一节游行观礼）我没有勇气看工农代表，他们对社会主义有贡献，只有我刘文典除了思想上一包臭脓血外，没有一点贡献……

"我怀念的是旧社会制度，蒋介石时代的那个政治、经济社会。蒋介石对我有什么好处呢？安庆（安徽大学旧址）时他把我关起来，照人情我痛恨他，他是流氓出身我看不起他，他60岁时卢汉（云南省主席）叫我替他做寿序，其实是贺寿……可见我无耻到什么程度。……

"孙××教授说共产党杀人有四种法子，我相信。1950年抗美援朝我作过国变诗。我认为帮兄弟国家的忙，应有个限制，打起来建设不成了。我抵触的事还多。如开会太多了，填表太多了……

"我主观唯心论总是太多，学生提意见的方向总是对的，我只有彻底革自己又臭又脏的旧命……我的问题最严重，我需要改造，我在茅厕里蹲久了，闻不到臭味……中文系宗派我应负全责，别人倚仗我，他才敢搞的。在"九三"我也起了很坏的作用，秦瓒争"九三"主委，我和他一唱一和，我是赞成他的。反右中，对秦瓒，我做了逃兵……

"我在上海租界一带长大，都喜欢古今中外一切黄色的东西，生活作风坏至极点，我很下流的想法是对待女艺人（先生酷爱京剧）……台上小生画画我不要，花旦画个画我就要……

"我对教学是庸俗观点，我说你们（共产党）既要古典文学，就要敬重我，这与右派分子三顾茅庐、礼贤下士有何区别。其实我掌握的材料也只有一点点，向党讨价还价这种想法卑劣不堪。我以不备课自豪，我备了40年的课嘛，后来备了，目的是讲别人讲不出来的东西……

"我是为自己教书，我没有管着学生。讲浅了怕人笑我，我只面对自己完全是政治立场观点不对。我对社会主义教育不热爱。我对马列主义文艺理论丝毫不知道，看一点也是断章取义，作为自己的挡箭牌……

"现在我感到自己非常空，我全错了。破是破了，立什么呢!"

至此，刘文典那书生学者的狂狷之气早已无处可寻了，他只是一个老人。他已完全不清楚自己是如何走下这一尺讲台的。他曾经以风华正茂之身在三尺讲台上躬耕，而今却以这种方式结束了自己在讲台上的人生。这是对社会的讽刺，还是对当局者的嘲笑?说完后，他的心里只想着，终于，一切都结束了。

自我反省后的结果已经不再重要，刘文典已在人们眼中认罪了，他不再是原来那个孤傲的人，而是一个可怜的老者，一个垂垂老矣的人。

6月11日晚，李书成书记振奋地宣布:"刘文典、方国瑜两个堡垒垮了。"至此，对刘文典的批斗正式结束，这场闹剧在刘文典的生命里终于画了个句号，可这句号却让人高兴不起来，这句号画得惨淡而非平静。太多的折磨，当真打垮了刘文典。

1958年7月14日的深夜，刘文典忽感头痛，不久后就陷入了昏迷。他还没来得及多看这里一眼，多想这里一瞬，就放下了一切，倏然而去。在他人生中的最后一段日子里，他确实是太累了。这一切发生得如此突然，让这位老人没有任何防御能力，他只能跟往常一样骄傲而坚硬地对抗着外界强加于他的一切，这场灾难不是风雨，而是拔刺的行为，这位老先生的刺被一点点拔掉，然而没有刺的刘文典，还是刘文典吗？

7月15日下午5点，刘文典离开了人世。

他没有留下一句话，一个字，甚至一个声音。也许，他这一生已经说了太多的话；也许，他还有话想说，却不再有机会。没有人知道，他在最后的时间里想了些什么，即便他的肉体还摆在那里，但闭上眼睛的他却再也发不出声音了。

放肆的一生，狂傲的一生，逍遥的一生，雄杰的一生。

刘文典的名字，或许还会在人们口中传说着。那个睥睨天下，那个傲视群雄的学之巨者，那个爱子情深的慈祥老父，那个对待孩子充满温情的老人，那个学识超人，严谨与风趣并存的著名教授，那个高义薄云、不畏生死的直率之人，那个可以为了朋友，肝脑涂地的义士，就这样离开了，没有曾经的风风火火，只有沉默而灰蒙蒙地离去。

今日，刘文典已被正名，他的大帽子也被摘掉了，可惜时间走得有点慢。刘文典的名字被写进了教科书，人们在书中想象着他的样子。他的名字也被传诵到四面八方，但除此外，后人又该如何去寻访这位不走常途的大师的足迹呢？

刘文典的碑文上，有这样一行字："先生学贯中西，尤精国学，一生治学严谨，精深邃密，为我国教育文化事业做出了重要贡献。"刘文典的一生，对于治学的态度，对于古籍校勘的态度，都可以用他的碑文所示。

一代国学大师，无论是其人品还是学问，余等高山仰止，景行行止，虽不能至，心向往之。